U0943368

铁 路 合 作 组 织

（铁 组）

国际铁路货物联运
统一过境运价规程

（统一货价）

（包括截至 2012 年 1 月 1 日的修改补充事项）

中 国 铁 道 出 版 社

2017 年 · 北 京

图书在版编目(CIP)数据

国际铁路货物联运统一过境运价规程:统一货价/铁道部国际合作司编译.—4版.—北京:中国铁道出版社,2012.2(2017.12重印)

ISBN 978-7-113-12887-6

Ⅰ.①国… Ⅱ.①铁… Ⅲ.①国际运输:铁路运输:货物运输:联合运输—运价—规程 Ⅳ.①F530.85

中国版本图书馆CIP数据核字(2012)第000433号

书　　名:国际铁路货物联运统一过境运价规程(统一货价)
作　　者:铁道部国际合作司

责任编辑:吴　军　　电话:51873094
责任校对:张玉华
责任印制:陆　宁

出版发行:中国铁道出版社(100054,北京市西城区右安门西街8号)
网　　址:http://www.tdpress.com
印　　刷:廊坊市振华印刷有限公司
版　　次:1995年7月第1版　1998年11月第2版　2007年4月第3版
　　　　　2012年2月第4版　2017年12月第6次印刷
开　　本:880 mm×1 230 mm　1/32　印张:4.125　字数:120千
书　　号:ISBN 978-7-113-12887-6
定　　价:30.00元

目　录

第1条 总 则

第1项 本运价规程参加者为下列各路：

阿塞拜疆铁路股份公司（阿[塞]铁）

白俄罗斯铁路（白铁）

保加利亚国家铁路股份公司（保铁）

越南铁路（越铁）

格鲁吉亚铁路有限责任公司（格铁）

哈萨克斯坦铁路——哈萨克斯坦铁路国有股份公司（哈铁）

中国铁路（中铁）

朝鲜民主主义人民共和国铁路（朝铁）

吉尔吉斯斯坦铁路——吉尔吉斯斯坦铁路国家企业（吉铁）

拉脱维亚铁路国家股份公司（拉铁）

摩尔多瓦铁路国家企业（摩铁）

蒙古铁路（蒙铁）

俄罗斯联邦铁路——俄罗斯联邦运输部（俄铁）

塔吉克斯坦铁路——塔吉克斯坦铁路国家单一制企业（塔铁）

乌兹别克斯坦铁路（乌[兹]铁）

乌克兰铁路（乌[克]铁）

爱沙尼亚铁路股份公司（爱铁）①

凡按照国际铁路货物联运协定（国际货协）、国际铁路货物运送公约（国际货约）统一法律规定的条件，过境本运价规程参加铁路经本运价规程第10条载明的国境站、港口站和汽车转运站的过境经路运送货物，以及有管道运输参加的铁路运送货物，符合下列情况者，均适用本运价规程：

① 统一过境运价规程上述各参加者均系国际铁路货物联运协定（国际货协）的成员。

1. 在本运价规程参加铁路的国家间运送时；

2. 在本运价规程参加铁路的国家（为一方）与铁路未参加本运价规程的国家（为另一方）间运送时。

第 2 项　本运价规程，用中文和俄文写成。两种文本具有同等效力。在条文解释上发生分歧时，以俄文本为准。

第 2 条　统一过境运价规程及其修改和补充公布办法

第 3 项　公布本运价规程的修改和补充事项时，应载明其生效日期，以及修改补充事项的序号。修改和补充事项至迟应在其生效的 15 天以前公布。

第 4 项　本运价规程的修改和补充事项，在其下列各国正式出版物内或官方网站上公布：

阿塞拜疆共和国——《阿塞拜疆铁路员工》；

白俄罗斯共和国——《铁路运送规则和运价规程汇刊》；

保加利亚共和国——《运价规程消息报》；

越南社会主义共和国——《越铁总局通报》；

格鲁吉亚——格鲁吉亚铁路有限责任公司官方网站(www.railway.ge)；

哈萨克斯坦共和国——《哈萨克斯坦铁路员工报》；

中华人民共和国——《铁路客货运输专刊》；

朝鲜民主主义人民共和国——《交通省省报》；

拉脱维亚共和国——拉脱维亚铁路国家股份公司官方网站(www.ldz.lv)；

摩尔多瓦共和国——《经济评论报》；

蒙古国——《政府决议汇编》；

俄罗斯联邦——《俄罗斯运输业》报；

塔吉克斯坦共和国——《运输通信报》；

乌兹别克斯坦共和国——《国际货价、统一货价和乌(兹)铁运价政策修改补充事项汇编》；

乌克兰——官方网站：www.uz.gov.ua；

爱沙尼亚共和国——《阿里帕耶夫报》副刊《运输和物流》。

第3条 本运价规程参加铁路的国家之间以及本运价规程参加铁路的国家(为一方)与仅参加国际货协或仅适用国际货协规定铁路的国家(为另一方)之间运送货物时办理运送票据的手续

第5项 本运价规程参加铁路的国家之间以及本运价规程参加铁路的国家(为一方)与仅参加国际货协或仅适用国际货协规定铁路(斯[货]铁)* 的国家(为另一方)之间的货物运送,凡按照本运价规程第10条所载经路,从发站至到站全程均用国际货协的运送票据办理。

从保加利亚共和国过境罗马尼亚向参加国际货协铁路的国家及相反方向运送货物,按照本运价规程第4条第7.1款和第7.2款所载的规定办理。

第6项 通过代理人办理运送时,发货人必须事先与代理人签订关于将货物发送给代理人名下的协议。

---

* 斯(货)铁——斯洛伐克铁路货运股份公司。

第4条　本运价规程参加铁路的国家（为一方）与未参加国际货协并且不适用国际货协规定铁路的国家（为另一方）之间通过陆路国境运送货物时办理运送票据的手续

第7项　从本运价规程参加铁路的国家通过陆路国境向铁路未参加国际货协并且不适用国际货协规定的国家以及相反方向运送货物时，可分别按下列情况办理。

7.1　过境波兰共和国、罗马尼亚或斯洛伐克共和国铁路向未参加国际货协并且不适用国际货协规定铁路的国家以及保加利亚运送货物时，国际货协运送票据只办理至波兰、罗马尼亚或斯洛伐克的进口国境站为止。

发货人应在国际货协运单第8栏"到达路和到站"栏内填写波兰共和国、罗马尼亚或斯洛伐克共和国铁路和各该路向未参加国际货协铁路的国家办理货物转发送的相应进口国境站名称。发货人应在该栏内另起一行填写："应由铁路继续转发送至…………站（载明最终到站和最终到达路名称）"。发货人应在运单第5栏"收货人，通信地址"栏内填写"站长"字样，在第4栏"发货人的特别声明"栏内，填写最终到站的最终收货人及其通信地址。

根据上述各栏所填内容，进口国境站就作为发货人全权代表，凭借接续的有效运输法的运送票据将货物发送至最终到站。

进口国境站须负责将原运单中填写的全部内容准确无误地转填入重新办理的运单中。

办理转发送的车站应在新运单"发货人（姓名、地址）"栏内填写原运单的发货人及其通信地址以及原发站和原发送国名称。原国际货协运单应附在新运单后面。在新运单的“运单附件”栏内，应作如下记载：“后附______年______月______日编制的第______号运单”。在新运单“发站日期戳”栏内，办理转发送的车站应加盖本站日期戳。

根据发货人的要求，进口国境站应向发货人寄送运单副本原件。

7.2 从未参加国际货协并且不适用国际货协规定铁路的国家，以及从保加利亚过境波兰共和国、罗马尼亚或斯洛伐克共和国铁路运送货物时，用国际货约运送票据只办理至波兰、罗马尼亚或斯洛伐克的出口国境站为止。

发货人在国际货约运单中填写上述出口国境站作为到站，填写该站站长为收货人。此外，发货人必须在运单中写明最终到站的实际收货人及其通信地址。

根据运单中所填写的内容，出口国境站就作为发货人全权代表，负责为该货物办理国际货协运单并将货物发送至最终到站。

办理转发送的车站应在国际货协运单第3栏“发站”栏内填写本站站名，在第1栏“发货人，通信地址”栏内填写原发货人及其通信地址以及原发站名称和原发送国名称。原运单应附在新运送票据后面。在新运单和新运行报单的正面左上角均应填写：“后附______年______月______日编制的第______号运单”。

7.3 从国际货协参加铁路的国家（保加利亚共和国除外）向罗马尼亚以及相反方向（至罗马尼亚国境站及相反方向除外）运送货物时，按照本条第7.1款和第7.2款规定的办法办理手续。

从国际货协参加铁路的国家（保加利亚共和国除外）至罗马尼亚国境站及相反方向的货物运送采用国际货协运单办理。

7.4 从与芬兰未签订直通铁路联运协定的国家过境俄罗斯联邦铁路向芬兰运送货物时，用国际货协的运送票据办理至俄铁的出口国境站，而从该站至到站则用俄罗斯联邦铁路与芬兰铁路所签订现行双边协定的运送票据办理，其办理手续可比照本项第7.1款的规定执行。

7.5 从芬兰过境俄罗斯联邦铁路向与芬兰未签订直通铁路联运协定的国家运送货物时，从发站至俄铁的进口国境站按照俄罗斯联邦铁路与芬兰铁路所签订现行双边协定的运送票据办理，而从该站至到站，则按照国际货协运送票据办理，其办理手续可比照本项第7.2款中规定执行。

7.6　过境匈牙利共和国铁路运送货物时，用国际货协运送票据办理至匈铁的进口国境站。此时，发货人应填写驻该站应将货物发送至最终到站的代理人作为收货人。相反方向办理运送时，由驻匈铁出口国境站的代理人按照国际货协的条件向铁路托运货物。这种转办运送票据的办法，不适用于从南斯拉夫联盟共和国和马其顿向参加同这些国家铁路直通联运协定铁路的国家以及相反方向的运送。

第8项　通过代理人办理运送时，发货人必须事先与代理人签订关于将货物发送给代理人名下的协议。

第 5 条　通过过境铁路港口办理货物运送的手续

第 9 项　从本运价规程参加铁路的国家，通过本运价规程参加铁路的过境铁路港口，向其他国家（不论这些国家的铁路是否参加本运价规程）以及相反方向运送货物时，用国际货协运送票据只能办理至过境铁路港口站为止或者从该站起开始办理。

如数个港口站同属于同一国家的铁路，则用该国铁路适用的运送票据办理运送。

第 10 项　从本运价规程参加铁路的国家运送货物时，发货人应在国际货协的运单内，填写本运价规程所载的相应港口站作为到站，并填写驻该站的代理人作为收货人。代理人应从铁路领取货物并办理水运手续继续运送。

在运单"发货人的特别声明"栏内，发货人应作下列内容的记载：

"货物水运至……………（写明到达国国名）"。

从港口站发送货物时，代理人应在运单"发货人的特别声明"栏内，填写：

"货物从……………（写明原发送国国名）水运抵达"。

第 11 项　以上述港口站为起讫的水路运送，应按照为此种转运所制订的规章和运价规程办理。

第 12 项　从本运价规程参加铁路的一个国家通过本运价规程参加铁路的另一个国家的港口站运送货物时，过境港口所在国家铁路的运费按照本运价规程计算，并根据该铁路的国内规章向收货人或通过与该过境铁路签有支付运费协议的付款人（代理机构、代理人）核收。相反方向运送时，根据该铁路的国内规章向发货人或通过与该过境铁路签有支付运费协议的付款人（代理机构、代理人）核收。

在港口站所发生的杂费和其他费用，在任何情况下，均由港口站向发货人或收货人的代理人核收。

第 13 项 如果原定由水路运出的货物改为通过陆路国境运往原到达国或改运往他国时，经由港口站所属铁路运抵港口站然后从该站转运的运费，均按照本运价规程计算。在这种情况下，发货人（代理人）应在运单的发货人声明栏内填写："货物从…………（填写原发送国名称）运来按过境办理"。

如果原定由水路运出的货物，在过境国港口站改用汽车运往他国时，实际经由各过境铁路运到该港口站的运费，也按本运价规程计算。

第6条　通过汽车运输转发送货物的过境铁路车站办理货物运送的手续

第14项

14.1　从本运价规程参加铁路的国家，过境本运价规程参加铁路办理汽车运输转发送货物的车站，向其他国家（不论这些国家的铁路是否参加本运价规程）以及相反方向运送货物时，用国际货协运送票据办理至这些车站为止或者从这些站起开始办理。

相关国家可办理汽车运输转发送铁路运输货物的车站名称，以及至这些车站的过境里程载于本运价规程第10条的过境里程表中。

14.2　从本运价规程参加铁路的国家运送货物时，发货人应在国际货协运单中注明以下内容：

在第8栏“到达路和到站”栏内注明本运价规程第10条所载的办理汽车运输转发送货物的相应车站；

在第5栏“收货人，通信地址”栏内注明在该车站应从铁路领取货物并将其通过汽车运输发送至终到站的收货人或代理人名称；

在第4栏“发货人的特别声明”栏内应作下列内容的记载：

“货物汽运至……（写明终到国国名）”。

相反方向运送货物时，代理人（发货人）应在运单第4栏“发货人的特别声明”栏内填写：

“货物从……（写明始发国国名）汽运抵达”。

14.3　如办理汽车运输转发送货物的车站位于本运价规程参加铁路的国家时，该过境铁路的运费按照本运价规程计算，并根据该铁路的国内规章向收货人或通过与该铁路签有支付运费协议的付款人（代理机构、代理人）核收。相反方向运送时，运费根据该铁路的国内规章向发货人或通过与该过境铁路签有支付运费协议的付款人（代理机构、代理人）核收。

在货物转发站所发生的杂费和其他费用，均由该站向发货人或收货人的代理人核收。

第7条　有管道运输方式参加时过境乌克兰铁路的货物运送

第15项　通过管道运输方式运至乌克兰的货物，过境乌克兰铁路运送时，用国际货协运单办理。

此时，发货人应在国际货协运单第3栏"发站"栏内填写罐车装车站名称；在第1栏"发货人，通信地址"栏内填写自己的名称和通信地址；在第4栏"发货人的特别声明"栏内填写："货物从……………（注明原发送国）通过管道运抵"。

第 8 条　运价规定和运送费用计算与核收

第 16 项　通过过境铁路的运送费用(货物运费、押运人乘车费、杂费和运送中的其他费用),应按照运输合同缔结当日所施行本运价规程的费率计算。

第 17 项

17.1　按本运价规程计算运费时,分别按整车、轮式集装箱、集装箱和零担办理。

17.2　按一份运单办理的用直达列车(车组)运送货物的费用,对每辆车按一批整车货物分别计算。

17.3　如由于国际货协第 13 条第 5.1 项所载原因在国境换装站将货物从一种轨距的 1 辆车换装到另一轨距的 2 辆车或数辆车,则换装后各路整车货物运送费用,按每辆车作为单独一批整车货物计算。

17.4　如果在国境站或者到站发现运送的货物没有关于办理种别的记载,发现此情况的车站应补作此项记载并加盖本站戳记证明。

重量尾数的进整

第 18 项　计算整车货物和轮式集装箱货物运费时,实际重量均进整至整吨(计费重量)。此时,500 公斤及以上进整至 1 吨,不足 500 公斤者舍去。

计算零担货物运费时,实际重量进整至 100 公斤(计费重量),不足 100 公斤者,均按 100 公斤计算。

计算杂费时,货物实际重量进整至 100 公斤,不足 100 公斤者,均按 100 公斤计算。

运送费用的计算办法

第 19 项　运送费用应按本运价规程参加铁路每过境铁路分别计算。同时应注意:

1. 根据《通用货物品名表》(另出单行本)确定货物属于本运价规程的运价等级。

2. 货物重量。

3. 办理种别。

4. 通过该路的运送里程。

5. 运送速度。

6. 本运价规程规定的其他条件。

7. 集装箱种类。

据此,计算运送费用时应适用:

1. 通用货物品名表,按照该表确定该项货物应适用的运价等级;

2. 过境里程表(本运价规程第 10 条),该表内容为本运价规程每个参加路运价里程;

3. 运费计算表(本运价规程第 11 条);

4. 杂费及其他费用(本运价规程第 9 条);

5. 运单中记载的事项。

第 20 项 在确定货物运费额时,应按照该批货物运送里程在计算表中所属计费区段的费率计算运费。

第 21 项 通过港口站运送货物时(按本运价规程第 5 条所规定的条件),该港口站所属的本运价规程参加铁路,就作为过境铁路。

在个别过境运送中,经本运价规程有关参加铁路商定,可以规定适用辅助性规则,作为统一过境运价规程的附件,其中包括按统一过境运价规程算出的过境铁路里程的运费率以及按各自国内运价规程算出的发送路和到达路运费率。发送国和到达国铁路段的运费和杂费,也准许按照统一过境运价规程的规定费率计算并核收。

第 22 项 慢运货物的运费,应按本条第 24～29 项规定的办法计算。

运送快运货物时,按本条第 24～29 项规定的办法计算出的运费,加 100%,并且对以客运速度运送货物(随旅客列车挂运的整车货物)时,加 200%。

凡是运出与运入本运价规程参加铁路国家的搬家货物,其运费按计算出的运费总额减 50% 核收。

运送费用尾数的进整

第 23 项 计算运送费用时所得出的最终款额尾数应进整至分。进整规则为 0.5 分及以上进为 1 分，不足 0.5 分者舍去。

整车货物运费

第 24 项

24.1 慢运整车货物运费，按本运价规程第 11 条表 2 所列的 1 吨运价费率乘以货物计费重量吨数计算，但货物计费重量不得低于规定的车辆装载最低计费重量标准。

四轴车装载最低计费重量标准为：一等货物——20 吨，二等货物——30 吨。

24.2 如按一批办理运送的货物，由于《国际铁路货物联运协定(国际货协)》第 13 条第 5.1 项所列原因，在国境换装站由一种轨距的 1 辆车换装到另一轨距的 2 辆车或数辆车，则换装后的每一辆车均视为单独的一批整车货物，并按此计算各路的运费。同时，货物计费重量，根据换装后每一车辆装载货物的实际重量，按规定方法对每一车辆单独确定，但不得低于车辆装载最低计费重量标准。

如同一收货人、同一到站的两车或数车货物在运送途中，将 2 批或数批整车货物(2 批或数批整车货物中未随原批货物装车而余下的部分)换装到 1 辆车内，则按以下方法办理：

——如根据换装到该车内各批货物(各批货物余下部分)的实际总重确定的货物计费重量大于车辆最低装载计费重量标准，则每批货物运费(每批货物余下部分的运费)按该批货物(每批货物余下部分)计费重量计算，而不考虑车辆最低装载计费重量标准。

——如根据换装到该车内各批货物(各批货物余下部分)的实际总重确定的货物计费重量不超过车辆最低装载计费重量标准，则每批货物运费(每批货物余下部分的运费)，先根据车辆最低装载计费重量标准计算出运费，然后在各批货物(各批货物余下部分)间根据货物实际重量按比例分劈的方法计算。

第 25 项 根据本条第 24 项算出的 1 435 毫米轨距铁路的货物运

费，不应超过该批货物按规定轴重所可能装载重量计算出的运费。

在个别情况下，所承运货物重量超过其按容许轴重可能装载的重量时，其运费应根据货物实际重量计算。

第 26 项 运送本运价规程所规定按 3 等运价计费的货物时，运费按照将本运价规程第 11 条表 2 中所列每轴运价费率乘以按自轮运转货物运送的机车车辆轴数计算。

使用上述车辆所装运不同轨距的转向架或轮对以及这些车辆在运送中必需的配件或其他材料，免收运送费用。

轮式集装箱货物运费

第 27 项

27.1 按一份运单提交给铁路承运的在使用前或使用后处于空或重状态的汽车列车、汽车、挂车、半挂车或可甩挂汽车车身，按轮式集装箱货物办理运送*。

27.2 轮式集装箱货物运费，不论其是否超限，均按照本运价规程整车货物 1 等费率确定。

专用机车货物运费

第 28 项 本运价规程不采用专用机车运输货物的规定。

各路在每一具体情况下协商此类运输的条件来确定运费。

零担货物运费

第 29 项 按慢运办理的零担货物运费，按照本运价规程第 11 条表 1 所列的每 100 公斤的运价费率乘以该批货物计费重量百公斤数计算。

合装货物运费

第 30 项 用一张运单运送数种准许混装的不同品名的货物(合装货物)时，其运费按计算方法为：

---

* 办理汽车列车、汽车、挂车、半挂车和可甩挂汽车车身运输业务的车站一览表见国际货协附件第 21.1 号。

1. 按整车货物办理时：

对于同一等级的货物——按照这批合装货物的总重量和运价等级计算，但不得低于车辆装载最低计费重量标准；

对于等级不同的货物——按照这批合装货物的总重量和这批合装货物中重量最大货物的运价等级计算，但不得低于该运价等级的车辆装载最低计费重量标准。同时，同一品名且实际重量最大的货物或不同品名但属于同一等级且实际总重量最大的货物作为重量最大的货物。如果是两种或数种最大重量相同的货物，则应按照其中运价费率较高的那种货物计算。

按合装整车货物办理时，发货人必须在运单中填明每种品名货物的实际重量。如果发货人未曾填明，则运费按照这批货物的总重量，以及为该批数种货物所规定较高运价等级计算，但不得低于该运价等级货物的车辆装载最低计费重量标准。

2. 按零担货物办理时：

对于同一等级的数种货物——按照这批合装货物总重量和运价等级计算出的运费款额加 50%计算。

对于等级不同的数种货物：

——如果每种品名货物的重量已分别填明，而且每种货物又分别包装，则按照每种货物重量及其规定的运价等级计算出运费的款额加 50%计算，但同一运价等级货物的实际重量应合并计算；

——如果仅填明数种货物的总重量或者这些货物包装成一件，则按照这批货物的总重量以及其中运价等级较高那种货物的费率计算出的运费款额加 50%计算。

货 物 名 称

第 31 项

31.1　发货人应根据《通用货物品名表》在运单中填明所有货物（危险货物除外）名称，并注明《通用货物品名表》中的代码。

如不能将《通用货物品名表》规定的货物全称写入运单的“货物名称”栏内，则允许填写货物简称，但该名称不得曲解货物特性，同时必须填写该货物全称对应《通用货物品名表》中的代码。

31.2　应根据《国际货协》附件第 2 号的规定，在运单中填写危险货物名称及其在《通用货物品名表》中的代码。

如《通用货物品名表》中没有《国际货协》附件第 2 号中所列出的危险货物名称，则发货人必须填写与货物化学成分、性质、特性最为接近的名称在《通用货物品名表》中的代码。

31.3　在适用本运价规程时，《通用货物品名表》第 9901 项所载的搬家货物，可理解为私人、家庭、家居及其他所需的与从事经营活动无关的货物，如室内设施物品、新的或使用过的家居生活备品及私人用品（儿童车、各种假肢、自行车、摩托车、轻便摩托车、冰箱、洗衣机、立式钢琴、三角钢琴、家具、书籍、音像设备及其他家用电器），这些货物的发货人和收货人应为自然人。

第 32 项　（备用）。

跨装货物及超限货物的运费

第 33 项　按一份运送票据使用连结车组（由 2 辆及以上车辆组成）运送货物的费用，根据本运价规程对整车货物的一般规定，通过对连结车组中每辆车运费加总的方式计算。

如运送票据中未记载连结车组中每辆车装载货物的实际重量，则以该批货物的实际重量按连结车组中车辆数量平均分劈。

如采用由 2 辆平车固定组成且只使用一个车号的连结车组装运货物，则货物运费按一辆车计算。

如果敞车类货物装载与加固规则（《国际货协》附件第 14 号）或其他国际协定的同类规则，对车辆的载重规定有限制时，则计费重量标准须相应降低。

如果根据运行路规章运送中须挂游车时，其运费计算按下列情况办理：若游车为铁路所属，则按每轴公里 0.35 瑞士法郎计费；若游车为私有车辆以及铁路出租的车辆，则按每轴公里 0.30 瑞士法郎计费。

游车运费按要求游车货物的运价里程核收。

使用游车运送货物时，应根据本运价规程一般规定只计算所装货物的运费。

第 34 项　运送超限货物时，发站应在运单和运行报单中货物名称下填写“货物在…………铁路超限”。

超限货物的运费，按整车货物运价计算，只是在货物超限的铁路上才加收 100%。

如果各路在商定运送超限货物时，确定货物为超级超限或 6 级超限，则在使用平车、敞车及特种平车装载且编组在货物列车中运送上述货物时，相关各路在每一具体情况下，依据确认的超限等级和运送经路，在商定此种运输条件时自行确定运费。

如果超限货物在过境路上不是按最短径路而系绕道运送，则运费按照实际运送里程计算，但以该货物的绕道运送事先取得发货人同意并在运单内注明这一绕道径路为限。

使用装有检查架(超限货物的模型)的车辆时，运费计算如下：若车辆为铁路所属，则按每轴公里 0.35 瑞士法郎计费；若车辆为私有车辆以及铁路出租的车辆，则按每轴公里 0.3 瑞士法郎计费，但超限费免收。

游车运费按要求游车货物的运价里程核收。使用游车运送货物时，应根据本运价规程一般规定只计算所装货物的运费。

灌装货物运费

第 35 项 使用罐车运送货物时，按货物的计费重量计算运费。

危险货物运费

第 36 项 属于《国际货协》附件第 2 号第 1 类“爆炸物质和含有爆炸物质的物品”、第 5.2 类“有机过氧化物”(联合国编号 3101-3110)、第 6.2 类“传染性物质”、第 7 类“放射性物质”，以及下表中第 1 栏所列出的危险货物的运费，按本运价规程的一般规定运价加收 100%计算。

表

危险货物名称 (包括辅助名称)	联合国 编　号	《国际货协》附件第 2 号中 规定的货物名称	等级 顺号
1	2	3	4
阿克瓦尼特*	2927	有毒液体，腐蚀性有机物，未另列明的	6.1

续上表

危险货物名称（包括辅助名称）	联合国编　号	《国际货协》附件第2号中规定的货物名称	等级顺号
1	2	3	4
固态生物碱，未另列明的，或固态生物碱盐类*，未另列明的（三类包装除外）	1544	固态生物碱，未另列明的，或固态生物碱盐类，未另列明的（三类包装除外）	6.1
高氯酸铵*	1442	高氯酸铵	5.1
氰化钡*	1565	氰化钡	6.1
乙烯基**	3161	压缩气体，易燃，未另列明的	2
过氧化氢，浓度大于70%的水溶液	2015	过氧化氢，浓度大于70%的水溶液	5.1
过氧化氢浓度大于60%，但不超过70%的水溶液	2015	过氧化氢，浓度大于60%，但不超过70%的水溶液	5.1
庚基	3286	易燃液体，有毒，腐蚀性，未另列明的	3
不对称二甲肼	1163	不对称二甲肼	6.1
迪朗-A*	1992	易燃液体，有毒，未另列明的	3
硝酸异丙酯*	1222	硝酸异丙酯	3
氰化镉*	1588	无机氰化物，固体，未另列明的	6.1
氰化钾*，固体	1680	氰化钾，固体	6.1
氰化钾溶液*	3413	氰化钾溶液	6.1
氰化钙*	1575	氰化钙	6.1
催化剂*	2813	固态物质，与水反应，未另列明的	4.3
硝酸，发红烟的	2032	硝酸，发红烟的	8
氢氰酸水溶液*（氰化氢水溶液）氰化氢含量不超过20%	1613	氢氰酸水溶液（氰化氢水溶液），氰化氢含量不超过20%	6.1

续上表

危险货物名称（包括辅助名称）	联合国编号	《国际货协》附件第2号中规定的货物名称	等级顺号
1	2	3	4
鲁米那A*	3286	易燃液体，有毒，腐蚀性，未另列明的	3
氰化铜*	1587	氰化铜	6.1
甲醇**	1230	甲醇	3
三氧化砷*	1561	三氧化砷	6.1
氰化钠，固体*	1689	氰化钠，固体	6.1
氰化钠溶液*	3414	氰化钠溶液	6.1
有毒化学样本*	3315	有毒化学样本	6.1
发动机燃料防爆添加剂*，闪点大于60 ℃	1649	发动机燃料防爆添加剂*，闪点大于60 ℃	6.1
发动机燃料抗暴剂*，闪点不超过60 ℃	1649	发动机燃料抗暴剂*，闪点不超过60 ℃	6.1
T185产品	1993	易燃液体，未另列明的	3
普罗尼特*	2810	有机毒性液体，未另列明的	6.1
癸烯溶液*	1992	易燃液体，有毒，未另列明的	3
二氯化汞*	1624	二氯化汞	6.1
氢氧化汞(Ⅱ)*，减敏的	1642	氢氧化汞(Ⅱ)，减敏的	6.1
氰化汞(Ⅱ)*	1636	氰化汞(Ⅱ)	6.1
硫化汞(Ⅱ)，朱砂*	2025	汞化合物，固体，未另列明的	6.1
萨敏	1992	易燃液体，有毒，未另列明的	3
氰化铅*	1620	氰化铅	6.1
氰化银*	1684	氰化银	6.1
合成汽油	1992	易燃液体，有毒，未另列明的	3

续上表

危险货物名称 （包括辅助名称）	联合国 编　号	《国际货协》附件第2号中 规定的货物名称	等级 顺号
1	2	3	4
马钱子碱，马钱子盐碱*	1692	马钱子碱或马钱子盐碱	6.1
光气	1076	光气	2
白磷（黄磷）**，浸在水中或溶液中	1381	白磷（黄磷），浸在水中或溶液中	4.2
白磷（黄磷）**，干燥的	1381	白磷（黄磷），干燥的	4.2
熔融白磷或黄磷**	2447	熔融白磷或黄磷	4.2
氯**	1017	氯	2
氯化氰*，稳定的	1589	氯化氰，稳定的	2
氰熔剂*	1588	固态无机氢化物，未另列明的	6.1
氰化物溶液*，未另列明的	1935	氰化物溶液，未另列明的	6.1
固态无机氰化物*，未另列明的	1588	固态无机氰化物，未另列明的	6.1
氰化锌*	1713	氰化锌	6.1
辛可宁	1544	生物碱，固体，未另列明的，或生物盐碱，固体，未另列明的	6.1
艾尼特*	2810	有机液体，有性，未另列明的	6.1
冷冻液态乙烯**	1038	冷冻液态乙烯	2

备注：

*——仅在用棚车、大吨位集装箱运送危险货物时才增加运费；

**——仅在用罐车[1]运送危险货物时才增加运费。

[1]术语“罐车”包括：根据《国际货协》附件第2号规定的罐车、罐式集装箱、内置罐体、便携式罐体和可卸罐体，以及多组室气体集装罐。

使用私有货车和铁路出租的车辆运送货物时的运费

第 37 项 使用私有货车和铁路出租的车辆运送货物时，不论车种，运费均按现行整车货物运价的一般规定减成 15%计算。

上述车辆空驶（卸车后或装车前）走行里程的运费计算如下：二轴车按每轴公里 0.17 瑞士法郎，四轴及四轴以上车辆按每轴公里 0.10 瑞士法郎的费率计算。

第 38 项 （备用）

易腐货物运费

第 39 项

39.1 使用保温车运送易腐货物的运费，按照本运价规程对整车货物的一般规定计算。

39.2 编入机械冷藏列车的铁路所属制冷设备车（车上无装货空间）运费和这些车组服务人员乘车费，以及卸车后或发往装车地时空机械冷藏列车运费，均予免收。

39.3 编入机械冷藏列车的私有和铁路出租的制冷设备车（车上无装货空间）运费，按每轴公里 0.12 瑞士法郎的费率计算。

动物（活动物）运费

第 40 项 运送动物（活动物）运费，按本运价规程一般规定计算。同车装运的饲料和运送用具运费免收。

展览会和交易会货物的运费

第 41 项 展览会和交易会货物及设备的运费，按本运价规程的一般规定计算。如果展出机构或交易机构在运送票据和随附的货物与设备清单中注明这些货物及设备为展品或交易品，则在返程运送这些货物和设备时提供减成 25%。

押运人乘车费

第 42 项

42.1　发货人或收货人的每一押运人的乘车费，每起始 100 公里按照 12.00 瑞士法郎的费率计算。

42.2　押运人乘坐单独车辆时，应除押运人乘车费外，加收按下列费率计算出的货车走行公里费：

——乘坐属于铁路的货车时，按每轴公里 0.23 瑞士法郎；

——乘坐私有货车或铁路出租的货车时，按每轴公里 0.20 瑞士法郎；

——乘坐属于铁路的客车时，按每轴公里 0.35 瑞士法郎；

——乘坐私有客车或铁路出租的客车时，按每轴公里 0.30 瑞士法郎。

尸体和骨灰罐的运费

第 43 项　用单独货车运送灵柩时，运费按照下列办法核收：

1. 挂于快运货物列车时——按 3 等运价和使用车辆的轴数计算。
2. 挂于旅客列车时——按照 3 等运价加 100%计算。

用单独车辆运送骨灰罐时，也适用上述计算办法。

按零担运送骨灰罐时，运费的计算办法为：慢运运送时按 1 等运价加 50%；快运运送时按 1 等运价加 200%；每个骨灰罐的重量均按 100 公斤计算。

运送用具运费

第 44 项　在适用本运价规程时，运送用具可理解为：用于加固所运货物并保证其完好的多次使用的用具和装置。

运送用具有：托盘、挡板、车门桁条、门挡板、篷布、炉子、铁制拴马桩、多次使用的货物加固器材（箱、转向装置、标架、捆绑索、拉条、U 形金属零件、绑绳、立柱、垫板、钢索、支撑用具等），以及防热防寒设备。

发货人应在运单中单独注明除货物重量外的运送用具重量。

作为车辆不可分割部分（车辆上的不可拆卸设备）的专用用具，不能被视为运送用具。

办理带有运送用具(除篷布外)的货物运送时,运送费用按本运价规程对于所运货物规定的,包括货物重量和运送用具重量在内的货物计费重量计算。

如在运单中未记载运送用具重量,则其重量按整 10 吨计算。

如在运单中除货物重量外,单独记载了篷布重量,则不核收用于保证所运货物完好的篷布的运送费用。

返还本运价规程参加路所属运送用具时,免收运送费用。如此种运送使用私有货车或铁路出租的车辆办理,则按每轴公里 0.10 瑞士法郎的费率核收车辆走行费。

非本运价规程参加铁路所属运送用具的返还,按本运价规程的一般规定办理。此时,对于整车货物运送,按运送用具的计费重量核收运费,但不得少于 10 吨;对于零担货物运送,按运送用具的计费重量核收运费。

带有不可拆卸的设备并且其重量未计入车辆自重的私有货车和铁路出租的货车的空车走行费,按照每轴公里 0.12 瑞士法郎的费率计算。

集装箱货物运费

第 45 项

45.1　按一份运单托运的使用通用中吨位、通用或者专用大吨位集装箱运送的货物,或空的通用中吨位、通用或者专用大吨位集装箱均为集装箱货物。

45.2　开办中吨位集装箱作业的铁路车站,以及开办将中吨位集装箱换装至另一轨距车辆内的国境站均在《国际货协》附件第 8.1 号中载明。

开办大吨位集装箱作业的铁路车站,以及开办将大吨位集装箱换装至另一轨距车辆内的国境站均在《国际货协》附件第 8.2 号及“国际铁路联盟(铁盟)车站一览表”中载明。

45.3　中吨位集装箱的运费根据本运价规程第 11 条第 4 号表按每一集装箱单独计算。

45.4　通用大吨位集装箱的运费根据本运价规程第 11 条第 3 号表按每一集装箱单独计算。

45.5　涂打最大标记毛重为30吨及以上的20英尺通用大吨位集装箱重载行程实际毛重超过24吨时的运费，按照本运价规程第11条第3号表中20英尺重载集装箱运价率采用1.2的系数计算。

40英尺以上空的和重的通用大吨位集装箱的运费，按照本运价规程第11条第3号表中40英尺集装箱运价率采用1.2的系数计算。

45.6　空的和重的大吨位罐体集装箱的运费按照本运价规程第11条第3号表中对于空的和重的通用大吨位集装箱相应箱型的运价率采用1.4的系数计算。

45.7　空的和重的大吨位冷藏集装箱的运费按照本运价规程第11条第3号表中对于空的和重的通用大吨位集装箱相应箱型的运价率采用1.35的系数计算。

运送空的和重的冷藏集装箱时加挂货主自备的柴油发电车的，按照每轴公里0.12瑞士法郎的运价率加收柴油发电车费用。

45.8　除本条45.6项和45.7项所列之外的专用集装箱的运费根据本运价规程第11条第3号表按每一集装箱单独计算。

45.9　使用私有车辆和铁路出租的车辆运送空的和重的集装箱的运费，按照本条45.3～45.8项计算并给予15%的减成。

45.10　快运集装箱的运费，按慢运费率计算后加成50%，若随旅客列车运送时，加成100%。

第46项　（备用）

运 价 货 币

第47项　计算运费和杂费采用的运价货币为瑞士法郎。

本运价规程所规定的并以瑞士法郎计算的运费和杂费，按照该国规定的办法向发货人或收货人核收。

运送费用的核收

第48项

48.1　如果本运价规程中未另作规定，则按照本运价规程算出的过境本运价规程参加铁路的运送费用核收办法为：

——从本运价规程参加铁路的国家向亦参加本运价规程铁路的国家

运送货物时，在发站向发货人或在到站向收货人核收；

——从本运价规程参加铁路的国家向未参加本运价规程铁路的国家运送货物时，在发站向发货人核收；相反方向运送时，则在最终到站向收货人核收。

48.2 允许通过代理人支付本运价规程参加铁路的过境运费，但以代理人与相应过境铁路签有协议为限。

在这种情况下，发货人在发站填制国际货协运单时，须在第20栏（或国际货约运单第7栏）内作一项记载，其内容为：应收入运费的各该过境铁路简称、代付各该路段过境运费的代理人名称及其作为该过境路段运费支付人的代码。

第9条 杂 费

杂费名称	计算单位	费率(瑞士法郎)
1 换装费 将货物从一种轨距车辆换装入另一种轨距车辆以及更换转向架时,应按照下列费率收费:		
1.1 包装货物和成件货物换装费。	100公斤	1.20
1.2 散装和堆装货物换装费。	100公斤	1.00
1.3 灌装货物换装(包括加温)费。	100公斤	0.80
1.4 《国际货协》第5条第4项第1~5款中所载的货物换装费,按照换装路现行国内运价规程的规定核收;若未作规定时,就按照实际费用核收。		按现行国内运价规程
1.5 集装箱换装费:		
1.5.1 容积为5立方米(最大毛重为3吨)和容积为11立方米(最大毛重为5吨)的重的和空的中吨位集装箱。	每集装箱	17.60
1.5.2 重的大吨位集装箱。	每集装箱	68.00
1.5.3 空的大吨位集装箱。	每集装箱	34.00
1.6 轮式集装箱货物换装费:		
1.6.1 重的汽车列车、汽车、挂车、半挂车和可甩挂汽车车身。	每批	88.00
1.6.2 空的汽车列车、汽车、挂车、半挂车和可甩挂汽车车身(使用前和使用后由铁路运输)。	每批	44.00
1.7 重车、空的私有车辆和铁路出租的车辆以及按自轮运转机车车辆更换另一轨距转向架。	每轴	70.00
装有数批货物的合装车,其转向架更换费按照每张运单分别核收。	100公斤(不足100公斤按100公斤计算)	1.80
2 货物声明价格费 快运或慢运货物的声明价格费。 * 不满150瑞士法郎的按150瑞士法郎计算。 ** 每一过境铁路分别核收,不取决于运输距离。	每150瑞士法郎价格声明费*	2.00**

续上表

杂 费 名 称	计算单位	费率(瑞士法郎)
3　与所运货物验关有关的费用 为补偿铁路所支付与所运货物验关有关的一切费用(一次性核收),作为每一过境铁路的收益,核收以下费用:		
3.1　整车货物。	每批	4.00
3.2　集装箱货物。	每批	4.00
3.3　轮式集装箱货物。	每批	4.00
3.4　零担货物。	每批	2.20
4　运送票据重新办理费 由一种运输法的运送票据更换成另一种的重新办理费。	每份运单	8.00
5　铁路提供设备和用具费 国境站换装货物由铁路供给的设备、用具和装车用的加固材料(支柱、铁丝、钉子、垫板、麻垫等)费,由铁路按车核收,不分车辆载重量大小。	每车	82.00
6　在国境站的施封费 在将货物从一种轨距车辆换装入另一轨距车辆时,核收施封费:		
6.1　锁封装置。	车 集装箱	25.00 15.00
6.2　封印。	车 集装箱	7.00 5.00
7　由于发货人或收货人的过失造成车辆或者集装箱在过境铁路滞留,按照以下费率核收滞留费,作为滞留铁路的收益:		
7.1　两轴车。	每车小时	2.70
7.2　四轴及以上车辆。	每车小时	4.00
7.3　特种平车和机械保温车。	每车小时	6.70
7.4　内容积在3.0以上至5.7立方米的中吨位集装箱。	每箱小时	0.40
7.5　内容积在5.7以上至11.0立方米的中吨位集装箱。	每箱小时	0.80
7.6　10英尺集装箱。	每箱小时	1.00
7.7　20英尺集装箱。	每箱小时	2.00

续上表

杂费名称	计算单位	费率(瑞士法郎)
7.8　30英尺和40英尺集装箱。 注:计算滞留费时,车辆或集装箱停留时间不足一小时按一小时计算。 如果在车辆内运送的一个或几个集装箱被卸车,则集装箱在车内及卸车后的滞留费按照上面所列相应的箱型对应的费率计算。 在其余情况下,集装箱的滞留费按照二轴或者四轴车辆的费率计算。 车辆或者集装箱产生滞留费的时间,根据过境铁路的现行国内规章计算。	每箱小时	4.00
8　使用保温车进行冷藏运输,以及提供燃料加温运输,费用按照国内运价率计算: 8.1　在白俄罗斯共和国、保加利亚共和国、吉尔吉斯共和国、摩尔多瓦共和国、乌兹别克斯坦共和国和爱沙尼亚共和国铁路冷藏运输费率。		
8.1.1　在白铁、吉铁和乌(兹)铁使用任何载重量的冷藏车,距离不限。 由铁路供给燃料,运输距离在250公里以下者,对于任何载重量的车辆均为8.8瑞士法郎,以后每增加250公里,加收4.4瑞士法郎。	每车	350.00
8.1.2　在保铁用任何载重量的加冰保温车,运输距离不限。	每车	43.88
保铁对任何载重量的保温车提供燃料加温,运输距离不限。 注:只有在铁路确实对车辆加冰或者提供燃料时,才能核收保铁上述冷藏运输费。	每车	13.17
8.1.3　在摩铁进行加温和冷藏运输,核收提供燃料费用,车辆载重量和运输距离均不限。	每车	360.00
8.1.4　在爱铁进行加温和冷藏运输,核收提供燃料费用,车辆载重量和运输距离均不限。 8.2～8.5 阿(塞)铁、哈铁、中铁、蒙铁、俄铁、乌(克)铁的冷藏运输费率见本条第一～四号表。	每车	315.00
9　动物运送时提供饮水费用	每车	30.00

续上表

杂费名称	计算单位	费率(瑞士法郎)
10　杂费和其他费用 在过境铁路(其中包括国境站)发生的本运价规程中未作规定的其他杂费和其他费用,按照这些费用发生当日该国的现行国内规章计算,并将本国货币计的费用金额换算成瑞士法郎后以瑞士法郎为单位填写在运送票据中。		
11　在港口站发生的杂费和其他费用 如果本运价规程中未对港口站发生的杂费和其他费用的费率作出规定,就按照港口站所属铁路的现行费率计算。		

一、哈萨克斯坦铁路冷藏运输费率表

(单位:瑞士法郎)

货物运送里程(公里)	使用二轴和三轴保温车运送时(每车)			使用四轴保温车运送时(每车)		
	一年四季既不加冷也不加温	加冷		一年四季既不加冷也不加温	加冷	
		温暖季节自4月1日至10月31日	寒冷季节自11月1日至3月31日		温暖季节自4月1日至10月31日	寒冷季节自11月1日至3月31日
1	2	3	4	5	6	7
1～500	5.30	54.00	54.00	7.10	132.50	132.50
501～1 000	10.50	88.50	71.00	14.10	194.40	161.40
1 001～1 500	15.80	123.30	88.20	21.00	256.60	190.40
1 501～2 000	21.00	158.00	105.30	28.10	318.00	219.50
2 001～2 500	26.40	192.60	122.40	35.10	379.80	248.30
2 501～3 000	31.70	227.30	139.50	42.20	441.90	277.40
3 001～4 000	36.90	261.90	156.60	49.20	503.70	306.20
3 501～4 000	42.20	296.60	173.70	56.10	565.50	335.30
4 001～4 500	47.40	331.40	191.00	63.20	627.30	364.10
4 501～5 000	52.70	365.90	207.90	70.20	689.40	393.20
5 001～5 500	57.90	400.50	225.00	77.30	751.20	422.00
5 501～6 000	63.20	435.30	242.30	84.30	813.00	451.10

加温运送货物时,提供燃料的费用,不论车辆载重量大小每车均按下列数额核收:

1. 运送里程在250公里以内时为8.78瑞士法郎;
2. 以后每增加250公里加收4.40瑞士法郎。

二、中国铁路冷藏运输费率表

（单位：瑞士法郎）

货物运送里程(公里)	一般保温车(每车)			机械保温车(每车)		
	不加冷运送时	5、6、7、8、9月加冷	其他月份加冷	不加冷运送时	5、6、7、8、9月加冷	其他月份加冷
1	2	3	4	5	6	7
1～500	27.20	27.20	27.20	57.00	92.10	79.10
501～1 000	41.10	92.10	74.60	86.00	138.60	118.40
1 001～1 500	55.20	139.50	110.60	143.00	230.70	197.40
1 501～2 000	76.20	194.90	153.50	200.10	323.00	276.30
2 001～2 500	86.90	238.70	186.00	257.00	414.90	355.40
2 501～3 000	106.10	292.10	227.30	314.10	507.20	434.30
3 001～3 500	124.70	344.00	267.60	371.10	599.30	513.30
3 501～4 000	144.80	389.60	308.00	428.30	691.50	592.20
4 001～4 500	164.00	451.10	351.00	485.10	783.50	671.30
4 501～5 000	183.30	504.50	392.10	542.30	874.10	750.20
5 001～5 500	201.90	556.40	432.50	599.30	967.80	829.20

计算机械保温车的费用时，应注意下列几点：

1. 冻结易腐货物加冷运送时，费用按本表第3、4栏计算并增加20%。

2. 加温运送时，费用按本表第2栏核收。

如果由铁路供给燃料，还应加收下列数额的费用：运送里程在250公里以内时为8.80瑞士法郎；以后每增加250公里加收4.40瑞士法郎。

三、蒙古铁路和俄罗斯铁路冷藏运输费率表

（单位：瑞士法郎）

货物运送里程(公里)	使用四轴保温车运送时(每车)		
	一年四季既不加冷也不加温	加冷	
		温暖季节 自4月1日至10月31日	寒冷季节 自11月1日至3月31日
1	2	3	4
1～500	7.10	132.50	132.50

续上表

货物运送里程(公里)	使用四轴保温车运送时(每车)		
	一年四季既不加冷也不加温	加冷	
		温暖季节 自4月1日至10月31日	寒冷季节 自11月1日至3月31日
1	2	3	4
501～1 000	14.10	194.40	161.40
1 001～1 500	21.00	256.60	190.40
1 501～2 000	28.10	318.00	219.50
2 001～2 500	35.10	379.80	248.30
2 501～3 000	42.20	441.90	277.40
3 001～3 500	49.20	503.70	306.20
3 501～4 000	56.10	565.50	335.30
4 001～4 500	63.20	627.30	364.10
4 501～5 000	70.20	689.40	393.20
5 001～5 500	77.30	751.20	422.00
5 501～6 000	84.30	813.00	451.10
6 001～6 500	91.20	874.80	479.90
6 501～7 000	98.30	936.80	509.00
7 001～7 500	105.30	998.60	537.80
7 501～8 000	112.40	1 060.40	566.90
8 001～8 500	119.40	1 122.30	595.80
8 501～9 000	126.30	1 184.30	624.80
9 001～9 500	133.40	1 246.10	653.70
9 501～10 000	140.40	1 307.90	682.70
10 001～10 500	147.50	1 369.70	711.60
10 501～11 000	158.70	1 431.80	740.60

在蒙古铁路和俄罗斯铁路上加温运送货物时，由铁路供给燃料的费用，不论车辆载重量大小，每车均按下列数额核收：运送里程在250公里以内时为8.78瑞士法郎；以后每增加250公里加收4.40瑞士法郎。

四、阿塞拜疆铁路冷藏运输费率表

（单位：瑞士法郎）

货物运送里程（公里）	使用四轴保温车运送时（每车）		
	一年四季既不加冷也不加温	加 冷 运 送 时	
		温暖季节 自4月1日至 10月31日	寒冷季节 自11月1日至 3月31日
1～250	8.10	152.40	152.40
251～500	15.20	223.50	185.60
501～750	24.10	294.60	218.90
751～1 000	32.30	365.70	252.40
1 001～1 250	40.30	436.80	285.50
1 251～1 500	48.50	508.20	319.00
1 501～1 750	56.60	579.30	352.10
1 751～2 000	64.50	650.30	385.60

第10条　过境里程表[1]

各铁路简称说明

阿(富)铁(ИГА)——阿富汗铁路
阿(塞)铁(АЗ)——阿塞拜疆铁路
白铁(БЧ)——白俄罗斯铁路
保铁(БДЖ)——保加利亚国家铁路股份公司
匈铁(МАВ)——“匈牙利国家铁路”股份公司
希铁(ОСЕ)——希腊铁路
越铁(ВЖД)——越南铁路
格铁(ГР)——“格鲁吉亚铁路”有限责任公司
伊铁(РАИ)——伊朗伊斯兰共和国铁路
哈铁(КЗХ)——哈萨克斯坦铁路—“哈萨克斯坦铁路”国有股份公司
中铁(КЖД)——中华人民共和国铁路
朝铁(ЗЧ)——朝鲜民主主义人民共和国铁路
吉铁(КРГ)——吉尔吉斯斯坦铁路—“吉尔吉斯斯坦铁路”国家企业
拉铁(ЛДЗ)——“拉脱维亚铁路”国家股份公司
立铁(ЛГ)——“立陶宛铁路”股份公司
摩铁(ЧФМ)——“摩尔多瓦铁路”国家企业
蒙铁(МТЗ)——蒙古铁路
波铁(ПКП)——“波兰国家铁路”股份公司
罗铁(ЧФР)——罗马尼亚铁路
俄铁(РЖД)——俄罗斯联邦铁路
斯(股)铁(ЗССК)——斯洛伐克共和国铁路股份公司

---

① 过境里程表的国境站之间的运价里程，是以国境线为起讫公里计算的。

塔铁(ТДЖ)——塔吉克斯坦铁路
土铁(ТЦДД)——土耳其铁路
乌(兹)铁(УТИ)——乌兹别克斯坦铁路
乌(克)铁(УЗ)——乌克兰铁路
捷铁(ЧД)——“捷克铁路”股份公司
芬铁(ВР)——芬兰铁路
爱铁(ЭВР)——“爱沙尼亚铁路”股份公司
塞铁(ЖС)——塞尔维亚铁路

阿塞拜疆铁路过境里程表

(国境站之间的运价里程,是以国境线为起讫公里计算的)

阿[塞]铁

铁路编号和国境口岸代码	起讫国境站和海港站	起讫国境站和海港站				起讫汽运换装站
		阿[塞]铁:亚拉马 俄铁:萨穆尔	阿[塞]铁:别尤克-克亚西克 格铁:加尔达巴尼	阿[塞]铁:巴库-贸易码头	阿[塞]铁:朱利法 伊铁:	阿[塞]铁:阿斯搭拉* 伊铁:
	铁路编号和国境口岸代码	57 20	57 58	57	57 96	57 96
57 20	阿[塞]铁:亚拉马 俄铁:萨穆尔	—	680	207	673	504
57 58	阿[塞]铁:别尤克-克亚西克 格铁:加尔达巴尼	680	—	503	755	586
57	阿[塞]铁:巴库-贸易码头	207	503	—	496	327
57 96	阿[塞]铁:朱利法 伊铁:	672	753	496	—	535
57 96	阿[塞]铁:阿斯搭拉 伊铁:	504	586	327	535	—

*:至/自伊朗。

白俄罗斯铁路过境里程表

（国境站之间的运价里程，是以国境线为起讫公里计算的）

白　　铁

起讫国境站，铁路编号和国境口岸代码		下列铁路之间的国境站				
		白铁—波铁之间				
		白铁：布鲁兹基 波铁：库兹尼查别亚洛斯特	白铁：斯维斯洛奇 波铁：谢米扬努夫卡	白铁：布列斯特北站 波铁：特雷斯波尔	白铁：维索科-利托夫斯克 波铁：切列姆哈	白铁：布列斯特中央站 波铁：特雷斯波尔
		21 0844 51	21 0843 51	21 0845 51	21 0846 51	21 0847 51
1	2	3	4	5	6	7
21 1060 25	白铁：比戈索沃 拉铁：因德拉	568	566	714	758	714
21 1050 24	白铁：古多盖 立铁：克亚纳	363	361	509	553	509
21 1051 24	白铁：别尼亚科涅 立铁：斯塔西洛斯	200	198	366	410	366
21 0847 51	白铁：布列斯特中央站 波铁：特雷斯波尔	—	—	—	—	—
21 0843 51	白铁：斯维斯洛奇 波铁：谢米扬努夫卡	—	—	—	—	—
21 0845 51	白铁：布列斯特北站 波铁：特雷斯波尔	—	—	—	—	—
21 0846 51	白铁：维索科-利托夫斯克 波铁：切列姆哈	—	—	—	—	—
21 0844 51	白铁：布鲁兹基 波铁：库兹尼查别亚洛斯特	—	—	—	—	—
21 1076 20	白铁：扎科佩奇耶 俄铁：兹伦卡	685	611	580	624	580

续上表

起讫国境站,铁路编号和国境口岸代码		下列铁路之间的国境站				
		白铁—波铁之间				
		白铁:布鲁兹基 波铁:库兹尼查别亚洛斯特	白铁:斯维斯洛奇 波铁:谢米扬努夫卡	白铁:布列斯特北站 波铁:特雷斯波尔	白铁:维索科-利托 波铁:切列姆哈夫斯克	白铁:布列斯特中央站 波铁:特雷斯波尔
		21 0844 51	21 0843 51	21 51	21 0846 51	21 0847 51
1	2	3	4	5	6	7
21 1075 20	白铁:别伦科维奇 俄铁:苏拉日	764	690	732	776	732
21 1074 20	白铁:舍斯捷洛夫卡* 俄铁:波尼亚托夫卡	722	648	690	734	690
21 1073 20	白铁:奥西诺夫卡 俄铁:克拉斯诺耶	631	567	609	653	609
21 1072 20	白铁:扎奥利沙 俄铁:鲁德尼亚	642	640	705	749	705
21 1071 20	白铁:耶泽利谢 俄铁:扎维列日耶	665	663	728	772	728
21 1120 22	白铁:霍季斯拉夫 乌(克)铁:扎博洛奇耶	498	424	65	109	65
21 1121 22	白铁:戈雷尼 乌(克)铁:乌德里茨克	413	339	287	331	287
21 1122 22	白铁:斯洛维奇诺 乌(克)铁:别列热斯季	607	533	481	525	481
21 1123 22	白铁:捷留哈 乌(克)铁:戈尔诺斯塔耶夫卡	679	605	574	618	574
21 1124 22	白铁:捷列霍夫卡 乌(克)铁:霍洛比奇	688	614	583	627	583

白　铁

起讫国境站,铁路编号和国境口岸代码		下列铁路之间的国境站				
		白铁—乌(克)铁之间				
		白铁:霍季斯拉夫 乌(克)铁:扎博洛奇耶	白铁:戈雷尼 乌(克)铁:乌德里茨克	白铁:斯洛维奇诺 乌(克)铁:别列热斯季	白铁:捷留哈 乌(克)铁:戈尔诺斯塔耶夫卡	白铁:捷列霍夫卡 乌(克)铁:霍洛比奇
		21 1120 22	21 1121 22	21 1122 22	21 1123 22	21 1124 22
1	2	8	9	10	11	12
21 1060 25	白铁:比戈索沃 拉铁:因德拉	766	681	650	603	612
21 1050 24	白铁:古多盖 立铁:克亚纳	561	476	554	507	516
21 1051 24	白铁:别尼亚科涅 立铁:斯塔西洛斯	418	333	527	599	608
21 0847 51	白铁:布列斯特中央站 波铁:特雷斯波尔	65	287	481	574	583
21 0843 51	白铁:斯维斯洛奇 波铁:谢米扬努夫卡	424	339	533	605	614
21 0845 51	白铁:布列斯特北站 波铁:特雷斯波尔	65	287	481	574	583
21 0846 51	白铁:维索科-利托夫斯克 波铁:切列姆哈	109	331	525	618	627
21 0844 51	白铁:布鲁兹基 波铁:库兹尼查别亚洛斯托茨克	498	413	607	679	688
21 1076 20	白铁:扎科佩奇耶 俄铁:兹伦卡	632	401	241	74	83

续上表

起讫国境站,铁路编号和国境口岸代码		下列铁路之间的国境站				
		白铁—乌(克)铁之间				
		乌(克)铁:扎博洛奇耶 白铁:霍季斯拉夫	乌(克)铁:乌德里茨克 白铁:戈雷尼	乌(克)铁:别列热斯季 白铁:斯洛维奇诺	乌(克)铁:戈尔诺斯塔耶夫卡 白铁:捷留哈	乌(克)铁:霍洛比奇 白铁:捷列霍夫卡
		21 1120 22	21 1121 22	21 1122 22	21 1123 22	21 1124 22
1	2	8	9	10	11	12
21 1075 20	白铁:别伦科维奇 俄铁:苏拉日	784	640	480	433	442
21 1074 20	白铁:舍斯捷洛夫卡 * 俄铁:波尼亚托夫卡	742	598	438	391	400
21 1073 20	白铁:奥西诺夫卡 俄铁:克拉斯诺耶	661	576	426	379	388
21 1072 20	白铁:扎奥利沙 俄铁:鲁德尼亚	757	672	522	475	484
21 1071 20	白铁:耶泽利谢 俄铁:扎维列日耶	780	696	545	498	507
21 1120 22	白铁:霍季斯拉夫 乌(克)铁:扎博洛奇耶	—	—	—	—	—
21 1121 22	白铁:戈雷尼 乌(克)铁:乌德里茨克	—	—	—	—	—
21 1122 22	白铁:斯洛维奇诺 乌(克)铁:别列热斯季	—	—	—	—	—
21 1123 22	白铁:捷留哈 乌(克)铁:戈尔诺斯塔耶夫卡	—	—	—	—	—
21 1124 22	白铁:捷列霍夫卡 乌(克)铁:霍洛比奇	—	—	—	—	—

白　　铁

起讫国境站，铁路编号和国境口岸代码		下列铁路之间的国境站					
		白铁—俄铁之间					
		白铁：扎科佩奇耶 俄铁：兹伦卡	白铁：别伦科维奇 俄铁：苏拉日	白铁：舍斯捷洛夫卡 俄铁：波尼亚托夫卡*	白铁：奥西诺夫卡 俄铁：克拉斯诺耶	白铁：扎奥利沙 俄铁：鲁德尼亚	白铁：耶泽利谢 俄铁：扎维列日耶
		21 1076 20	21 1075 20	21 1074 20	21 1073 20	21 1072 20	21 1071 20
1	2	13	14	15	16	17	18
21 1060 25	白铁：比戈索沃 拉铁：因德拉	609	489	447	320	248	271
21 1050 24	白铁：古多盖 立铁：克亚纳	513	592	550	428	439	462
21 1051 24	白铁：别尼亚科涅 立铁：斯塔西洛斯	605	684	642	521	532	555
21 0847 51	白铁：布列斯特中央站 波铁：特雷斯波尔	580	732	690	609	705	728
21 0843 51	白铁：斯维斯洛奇 波铁：谢米扬努夫卡	611	690	648	567	640	663
21 0845 51	白铁：布列斯特北站 波铁：特雷斯波尔	580	732	690	609	705	728
21 0846 51	白铁：维索科-利托夫斯克 波铁：切列姆哈	624	776	734	653	749	772
21 0844 51	白铁：布鲁兹基 波铁：库兹尼查别亚洛斯托茨克	685	764	722	631	642	665
21 1076 20	白铁：扎科佩奇耶 俄铁：兹伦卡	—	—	—	—	—	—

续上表

起讫国境站,铁路编号和国境口岸代码		下列铁路之间的国境站					
		白铁—俄铁之间					
		白铁:扎科佩奇耶 俄铁:兹伦卡	白铁:别伦科维奇 俄铁:苏拉日	白铁:舍斯捷洛夫卡 * 俄铁:波尼亚托夫卡	白铁:奥西诺夫卡 俄铁:克拉斯诺耶	白铁:扎奥利沙 俄铁:鲁德尼亚	白铁:耶泽利谢 俄铁:扎维列日耶
		21 1076 20	21 1075 20	21 1074 20	21 1073 20	21 1072 20	21 1071 20
1	2	13	14	15	16	17	18
21 1075 20	白铁:别伦科维奇 俄铁:苏拉日	—	—	—	—	—	—
21 1074 20	白铁:舍斯捷洛夫卡 * 俄铁:波尼亚托夫卡	—	—	—	—	—	—
21 1073 20	白铁:奥西诺夫卡 俄铁:克拉斯诺耶	—	—	—	—	—	—
21 1072 20	白铁:扎奥利沙 俄铁:鲁德尼亚	—	—	—	—	—	—
21 1071 20	白铁:耶泽利谢 俄铁:扎维列日耶	—	—	—	—	—	—
21 1120 22	白铁:霍季斯拉夫 乌铁:扎博洛奇耶	632	784	742	661	757	780
21 1121 22	白铁:戈雷尼 乌铁:乌德里茨克	401	640	598	576	672	695
21 1122 22	白铁:斯洛维奇诺 乌铁:别列热斯季	241	480	438	426	522	545
21 1123 22	白铁:捷留哈 乌铁:戈尔诺斯塔耶夫卡	74	433	391	379	475	498
21 1124 22	白铁:捷列霍夫卡 乌铁:霍洛比奇	83	442	400	388	484	507

白　铁

起讫国境站，铁路编号和国境口岸代码		下列铁路之间的国境站		
		白铁—拉铁	白铁—立铁	
		白铁：比戈索沃 拉铁：因德拉	白铁：古多盖 立铁：克亚纳	白铁：别尼亚科涅 立铁：斯塔西洛斯
		21 1060 25	21 1050 24	21 1051 24
1	2	19	20	21
21 1060 25	白铁：比戈索沃 拉铁：因德拉	—	—	—
21 1050 24	白铁：古多盖 立铁：克亚纳	—	—	—
21 1051 24	白铁：别尼亚科涅 立铁：斯塔西洛斯	—	—	—
21 0847 51	白铁：布列斯特中央站 波铁：特雷斯波尔	714	509	366
21 0843 51	白铁：斯维斯洛奇 波铁：谢米扬努夫卡	566	361	198
21 0845 51	白铁：布列斯特北站 波铁：特雷斯波尔	714	509	366
21 0846 51	白铁：维索科-利托夫斯克 波铁：切列姆哈	758	553	410
21 0844 51	白铁：布鲁兹基 波铁：库兹尼查别亚洛斯托茨克	568	363	200
21 1076 20	白铁：扎科佩奇耶 俄铁：兹伦卡	609	513	605

续上表

起讫国境站,铁路编号和国境口岸代码		下列铁路之间的国境站		
		白铁—拉铁	白铁—立铁	
		白铁:比戈索沃 拉铁:因德拉	白铁:古多盖 立铁:克亚纳	白铁:别尼亚科涅 立铁:斯塔西洛斯
		21 1060 25	21 1050 24	21 1051 24
1	2	19	20	21
21 1075 20	白铁:别伦科维奇 俄铁:苏拉日	489	592	684
21 1074 20	白铁:舍斯捷洛夫卡 * 俄铁:波尼亚托夫卡	447	550	629
21 1073 20	白铁:奥西诺夫卡 俄铁:克拉斯诺耶	320	428	521
21 1072 20	白铁:扎奥利沙 俄铁:鲁德尼亚	248	439	532
21 1071 20	白铁:耶泽利谢 俄铁:扎维列日耶	271	462	555
21 1120 22	白铁:霍季斯拉夫 乌(克)铁:扎博洛奇耶	766	561	413
21 1121 22	白铁:戈雷尼 乌(克)铁:乌德里茨克	681	476	319
21 1122 22	白铁:斯洛维奇诺 乌(克)铁:别列热斯季	650	554	527
21 1123 22	白铁:捷留哈 乌(克)铁:戈尔诺斯塔耶夫卡	603	507	599
21 1124 22	白铁:捷列霍夫卡 乌(克)铁:霍洛比奇	612	516	608

*:暂停办理业务。

保加利亚国家铁路过境里程表

（国境站之间的运价里程，是以国境线为起讫公里计算的）

保　铁

各起讫国境站 铁路编号 和国境口岸代码		下列铁路之间的国境站					
		保加利亚港口站		保铁—希铁之间		保铁—土铁之间	保铁—塞铁之间
		保铁：布尔加斯	保铁：瓦尔纳	保铁：斯维连格勒国境线 希铁：季克亚	保铁：库拉塔 希铁：普罗马洪	保铁：斯维连格勒国境线东 土铁：卡普库列	保铁：德拉戈曼 塞铁：季米特洛夫格勒
		52 2838	52 2837	52 0761 73	52 0760 73	52 0703 75	52 0620 72
1	2	3	4	5	6	7	8
52 0970 53	保铁：卡尔达姆 罗铁：涅格鲁沃达	301	139	441	811	457	654
52 0692 22	保铁：瓦尔纳轮渡 乌(克)铁：伊利伊切夫斯克	196	35	336	706	352	549
52 0620 72	保铁：德拉戈曼 塞铁：季米特洛夫格勒	475	549	—	—	—	—
52 0760 73	保铁：库拉塔 希铁：普罗马洪	632	728	—	—	—	—
52 0761 73	保铁：斯维连格勒国境线 希铁：季克亚	262	358	—	—	—	—
52 0703 75	保铁：斯维连格勒国境线东 土铁：卡佩库列	278	374	—	—	—	—
52 2831	保铁：洛姆港	617	551	509	420	525	—
52 2833	保铁：索莫维特港	438	393	412	438	428	—
52 2834	保铁：斯维绍夫港	397	352	371	501	387	—
52 2835	保铁：鲁塞西港	361	227	380	620	396	463

越南铁路过境里程表

（国境站之间的运价里程，是以国境线为起讫公里计算的）

越　　铁

<table>
<tr><td colspan="2">越南—中国之间的
各起讫国境站和港口站</td><td>越南—中国国境站</td><td>越南港口站</td></tr>
<tr><td colspan="2" rowspan="2">铁路编号和国境站代码</td><td>越铁：同登
中铁：凭祥</td><td>越铁：海防港</td></tr>
<tr><td>32
1911
33</td><td>32</td></tr>
<tr><td>1</td><td>2</td><td>3</td><td>4</td></tr>
<tr><td>32
913
33</td><td>越铁：老街
中铁：山腰</td><td>442</td><td>389</td></tr>
</table>

格鲁吉亚铁路过境里程表

（国境站之间的运价里程，是以国境线为起讫公里计算的）

格　　铁

<table>
<tr><td colspan="2" rowspan="3">铁路编号和国境口岸代码</td><td rowspan="3">起讫国境站</td><td colspan="3">下列铁路之间的国境站</td><td colspan="4" rowspan="2">至汽运换装站</td></tr>
<tr><td>格铁—俄铁</td><td>格铁—阿（塞）铁</td><td>格铁—亚（美）铁</td></tr>
<tr><td>格铁：甘季阿季
俄铁：维谢洛耶</td><td>格铁：加尔达巴尼
阿（塞）铁：别尤克-克亚西克</td><td>格铁：萨达赫洛
亚（美）铁：艾鲁姆</td><td>格铁：阿哈尔齐赫*</td><td>格铁：瓦列*</td><td>格铁：波季*</td><td>格铁：巴统*</td></tr>
<tr><td colspan="2"></td><td>国境口岸代码</td><td>28
1790
20</td><td>28
1791
57</td><td>28
1792
58</td><td>28
2883</td><td>28
2884</td><td>28</td><td>28</td></tr>
<tr><td>28
20</td><td>1790</td><td>格铁：甘季阿季
俄铁：维谢洛耶</td><td>—</td><td>556</td><td>583</td><td>468</td><td>478</td><td>276</td><td>368</td></tr>
</table>

续上表

铁路编号和国境口岸代码		起讫国境站	下列铁路之间的国境站：格铁—俄铁	格铁—阿(塞)铁	格铁—亚(美)铁	至汽运换装站			
			格铁：甘季阿季 俄铁：维谢洛耶	格铁：加尔达巴尼 阿(塞)铁：别尤克-克亚西克	格铁：萨达赫洛 亚(美)铁：艾鲁姆	格铁：阿哈尔齐赫＊	格铁：瓦列＊	格铁：波季＊	格铁：巴统＊
		国境口岸代码	28 1790 20	28 1791 57	28 1792 58	28 2883	28 2884	28	28
28 57	1791	格铁:加尔达巴尼 阿(塞)铁:别尤克-克亚西克	556	—	111	248	258	360	396
28 58	1792	格铁:萨达赫洛 亚(美)铁:艾鲁姆	583	111	—	275	285	387	423
28		格铁:波季	276	360	387	272	282	—	172
28	2888	格铁:波季(港口)	276	360	387	272	282	—	172
28		格铁:波季(至高加索轮渡)	276	360	387	272	282	—	172
28		格铁:波季(至伊利伊切夫斯克轮渡)	276	360	387	272	282	—	172
28		格铁:波季(至瓦尔纳轮渡)	276	360	387	272	282	—	172
28		格铁:波季(至刻赤轮渡)	276	360	387	272	282	—	172
28		格铁:巴统	368	396	423	308	318	172	—
28	2889	格铁:巴统(港口)	368	396	423	308	318	172	—
28		格铁:巴统(至伊利伊切夫斯克轮渡)	368	396	423	308	318	172	—
28		格铁:巴统(至瓦尔纳轮渡)	368	396	423	308	318	172	—
28		格铁:巴统(至刻赤轮渡)	368	396	423	308	318	172	—

＊:至/自土耳其。

哈萨克斯坦铁

（国境站之间的运价里程，是

哈　　铁

起讫国境站，铁路编号和国境口岸代码		下列铁路 俄铁与		
		哈铁：季内努尔佩伊索沃伊 俄铁：阿克萨莱斯卡亚2	哈铁：谢米格拉维马尔 俄铁：奥津基	哈铁：伊列茨克1 俄铁：卡尼赛
		27 — 20	27 — 20	27 1153 20
1	2	3	4	5
27 — 20	哈铁：季内努尔佩伊索沃伊 俄铁：阿克萨莱斯卡亚2	—	1 479	1 098
27 — 20	哈铁：谢米格拉维马尔 俄铁：奥津基	1 479	—	381
27 1153 20	哈铁：伊列茨克1 俄铁：卡尼赛	1 098	381	—
27 — 20	哈铁：基尔吉利达 俄铁：奥尔斯克-新城	1 022	1 095	502
27 — 20	哈铁：阿克苏 俄铁：卡尔塔雷	1 567	1 428	1 047
27 1160 20	哈铁：金索普卡 俄铁：金索普卡	1 724	1 585	1 204
27 — 20	哈铁：泽尔诺瓦亚 俄铁：扎乌拉利耶	1 951	1 812	1 431

路过境里程表

以国境线为起讫公里计算的）

之间的国境站							
哈铁之间							
俄铁：奥尔斯克-新城 哈铁：基尔吉利达	俄铁：卡尔塔雷 哈铁：阿克苏	俄铁：金索普卡 哈铁：金索普卡	俄铁：扎乌拉利耶 哈铁：泽尔诺瓦亚	俄铁：彼得罗巴甫洛夫斯克 哈铁：彼得罗巴甫洛夫斯克	俄铁：克孜勒图 哈铁：克孜勒图	俄铁：库伦达 哈铁：库尔卡梅斯	俄铁：洛科季 哈铁：洛科季
27 — 20	27 — 20	27 1160 20	27 — 20	27 1159 20	27 1161 20	27 — 20	27 1158 20
6	7	8	9	10	11	12	13
1 022	1 567	1 724	1 951	1 645	2 172	2 681	3 020
1 095	1 428	1 585	1 812	2 025	2 033	2 542	2 881
502	1 047	1 204	1 431	1 644	1 652	2 161	2 500
—	596	858	1 085	1 298	1 306	1 815	2 154
596	—	557	594	807	815	1 324	1 663
858	557	—	559	772	780	1 428	1 767
1 085	594	559	—	547	561	1 209	1 548

起讫国境站，铁路编号和国境口岸代码		下列铁路		
		俄铁与		
		哈铁：季内努尔佩伊索沃伊 俄铁：阿克萨莱斯卡亚2	哈铁：谢米格拉维马尔 俄铁：奥津基	哈铁：伊列茨克1 俄铁：卡尼赛
		27 — 20	27 — 20	27 1153 20
1	2	3	4	5
27 1159 20	哈铁：彼得罗巴甫洛夫斯克 俄铁：彼得罗巴甫洛夫斯克	1 645	2 025	1 644
27 1161 20	哈铁：克孜勒图 俄铁：克孜勒图	2 172	2 033	1 652
27 — 20	哈铁：库尔卡梅斯 俄铁：库伦达	2 681	2 542	2 161
27 1158 20	哈铁：洛科季 俄铁：洛科季	3 020	2 881	2 500
27 1845 33	哈铁：多斯特克 中铁：阿拉山口	3 545	3 406	3 025
27 1211 59	哈铁：卢戈瓦亚 吉铁：卢戈瓦亚	2 541	2 402	2 021
27 — 29	哈铁：萨雷-阿加什 乌(兹)铁：克列斯	2 283	2 134	1 753
27 — 29	哈铁：奥阿济斯 乌(兹)铁：卡拉卡尔帕基亚	806	1 441	1 060

续上表

之间的国境站

哈铁之间

俄铁：奥尔斯克-新城 哈铁：基尔吉利达	俄铁：卡尔塔雷 哈铁：阿克苏	俄铁：金索普卡 哈铁：金索普卡	俄铁：扎乌拉利耶 哈铁：泽尔诺瓦亚	俄铁：彼得罗巴甫洛夫斯克 哈铁：彼得罗巴甫洛夫斯克	俄铁：克孜勒图 哈铁：克孜勒图	俄铁：库伦达 哈铁：库尔卡梅斯	俄铁：洛科季 哈铁：洛科季
27 — 20	27 — 20	27 1160 20	27 — 20	27 1159 20	27 1161 20	27 — 20	27 1158 20
6	7	8	9	10	11	12	13
1298	807	772	547	—	398	1046	1385
1306	815	780	561	398	—	1054	1393
1 815	1 324	1 428	1 209	1 046	1 054	—	627
2 154	1 663	1 767	1 548	1 385	1 393	627	—
2 679	2 188	2 292	2 073	1 910	1 918	1 278	905
1 945	1 907	2 011	1 792	1 629	1 637	1 669	1 570
1 677	2 435	2 541	2 322	2 159	2 167	2 199	2 100
984	1 394	1 686	1913	2 665	2 134	2 643	2 982

起讫国境站，铁路编号和国境口岸代码		下列铁路之间的国境站				
		哈铁—中铁	哈铁—吉铁	哈铁—乌(兹)铁		港口站
		哈铁：多斯特克 中铁：阿拉山口	哈铁：卢戈瓦亚 吉铁：卢戈瓦亚	哈铁：萨雷-阿加什 乌(兹)铁：克列斯	哈铁：奥阿济斯 乌(兹)铁：卡拉卡尔帕基亚	阿克套
		27 1845 33	27 1211 59	27 — 29	27 — 29	27 —
1	2	14	15	16	17	18
27 — 20	哈铁：季内努尔佩伊索沃伊 俄铁：阿克萨莱斯卡亚 2	3 545	2 541	2 283	806	1 135
27 — 20	哈铁：谢米格拉维马尔 俄铁：奥津基	3 406	2 402	2 134	1 441	1 770
27 1153 20	哈铁：伊列茨克 1 俄铁：卡尼赛	3 025	2 021	1 753	1 060	1 389
27 — 20	哈铁：基尔吉利达 俄铁：奥尔斯克-新城	2 679	1 945	1 677	984	1 313
27 — 20	哈铁：阿克苏 俄铁：卡尔塔雷	2 188	1 907	2 435	1 394	1 858
27 1160 20	哈铁：金索普卡 俄铁：金索普卡	2 292	2 011	2 541	1 686	2 015
27 — 20	哈铁：泽尔诺瓦亚 俄铁：扎乌拉利耶	2 073	1 792	2 322	1 913	2 242
27 1159 20	哈铁：彼得罗巴甫洛夫斯克 俄铁：彼得罗巴甫洛夫斯克	1 910	1 629	2 159	2 665	2 455
27 1161 20	哈铁：克孜勒图 俄铁：克孜勒图	1 918	1 637	2 167	2 134	2 463
27 — 20	哈铁：库尔卡梅斯 俄铁：库伦达	1 278	1 669	2 199	2 643	2 972
27 1158 20	哈铁：洛科季 俄铁：洛科季	905	1 570	2 100	2 982	3 311

续上表

<table>
<tr><td colspan="2" rowspan="4">起讫国境站,铁路编号
和国境口岸代码</td><td colspan="5">下列铁路之间的国境站</td></tr>
<tr><td>哈铁—中铁</td><td>哈铁—吉铁</td><td colspan="2">哈铁—乌(兹)铁</td><td>港口站</td></tr>
<tr><td>哈铁:多斯特克
中铁:阿拉山口</td><td>哈铁:卢戈瓦亚
吉铁:卢戈瓦亚</td><td>哈铁:萨雷-阿加什
乌(兹)铁:克列斯</td><td>哈铁:奥阿济斯
乌(兹)铁:卡拉卡尔帕基亚</td><td>阿克套</td></tr>
<tr><td>27
1845
33</td><td>27
1211
59</td><td>27
—
29</td><td>27
—
29</td><td>27</td></tr>
<tr><td>1</td><td>2</td><td>14</td><td>15</td><td>16</td><td>17</td><td>18</td></tr>
<tr><td>27
1845
33</td><td>哈铁:多斯特克
中铁:阿拉山口</td><td>—</td><td>1 301</td><td>1 831</td><td>3 506</td><td>3 836</td></tr>
<tr><td>27
1211
59</td><td>哈铁:卢戈瓦亚
吉铁:卢戈瓦亚</td><td>1 301</td><td>—</td><td>530</td><td>2 503</td><td>2 832</td></tr>
<tr><td>27
—
29</td><td>哈铁:萨雷—阿加什
乌(兹)铁:克列斯</td><td>1 831</td><td>530</td><td>—</td><td>2 156</td><td>2 564</td></tr>
<tr><td>27
—
29</td><td>哈铁:奥阿济斯
乌(兹)铁:卡拉卡尔帕基亚</td><td>3 506</td><td>2 503</td><td>2 156</td><td>—</td><td>487</td></tr>
</table>

哈　　铁

<table>
<tr><td colspan="2" rowspan="4">起讫国境站,铁路编号
和国境口岸代码</td><td colspan="2">下列铁路之间的国境站</td></tr>
<tr><td colspan="2">哈铁—乌(兹)铁</td></tr>
<tr><td>哈铁:杰特赛</td><td>乌(兹):伊尔扎尔斯卡亚</td></tr>
<tr><td>27</td><td>29</td></tr>
<tr><td>1</td><td>2</td><td colspan="2">19</td></tr>
<tr><td>0027
29</td><td>哈铁:帕赫塔拉尔
乌(兹)铁:瑟尔达里因斯卡亚</td><td colspan="2">37</td></tr>
</table>

中国铁路过境里程表

（国境站之间的运价里程，是以国境线为起讫公里计算的）

中　铁

中国—俄罗斯 中国—朝鲜 中国—越南 中国—蒙古 中国—哈萨克斯坦 之间的各起讫国境站和海港站	下列国家之间的国境站							
	中—俄之间		中—朝之间			中—越之间	中—蒙之间	中—哈之间
	中俄铁铁：满洲里后贝加尔	中俄铁铁：绥芬河格罗迭科沃	中朝铁铁：丹东新义州	中朝铁铁：集安满浦	中朝铁铁：图们南阳	中越铁铁：凭祥同登	中蒙铁铁：二连扎门乌德	中哈铁铁：阿拉山口多斯特克
1	2	3	4	5	6	7	8	9
中铁：满洲里 俄铁：后贝加尔	—	—	1 694	1 634	1 548	4 773	2 403	5 464
中铁：绥芬河 俄铁：格罗迭科沃	—	—	1 377	1 290	449	4 607	2 376	5 437
中铁：丹东 朝铁：新义州	1 694	1 377	—	—	—	3 788	1 854	4 915
中铁：集安 朝铁：满浦	1 634	1 290	—	—	—	3 989	1 873	4 934
中铁：图们 朝铁：南阳	1 548	499	—	—	—	4 348	2 117	5 178
中铁：凭祥 越铁：同登	4 773	4 607	3 788	3 989	4 348	—	3 459	5 178
中铁：二连 蒙铁：扎门乌德	2 403	2 376	1 854	1 873	2 117	3 459	—	3 661
中铁：阿拉山口 哈铁：多斯特克	5 464	5 437	4 915	4 934	5 178	5 187	3 661	—

中　　铁

中国—俄罗斯 中国—朝鲜 中国—越南 中国—蒙古 各国境站 和海港站	中国海港站							
	中铁： 大连北 （大连港）	中铁： 新港 （天津港）	中铁： 青岛 （青岛港）	中铁： 中云 （连云港）	中铁： 何家湾 （上海军工路港）	中铁： 下元 （黄埔新港）	中铁： 湛江 （湛江港）	中铁： 黄岛 （黄岛港）
1	10	11	12	13	14	15	16	17
中铁：满洲里 俄铁：后贝加尔	1 812	1 957	2 745	2 888	3 334	4 353	4 878	2 710
中铁：绥芬河 俄铁：格罗迭科沃	1 495	1 791	2 579	2 722	3 168	4 187	4 712	2 544
中铁：丹东 朝铁：新义州	597	972	1 760	1 903	2 349	3 368	3 893	1 725
中铁：集安 朝铁：满浦	877	1 173	1 961	2 104	2 550	3 569	4 094	1 926
中铁：图们 朝铁：南阳	1 236	1 532	2 320	2 463	2 909	3 928	4 453	2 285
中铁：凭祥 越铁：同登	3 906	2 838	2 851	2 580	2 288	1 075	672	2 825
中铁：二连 蒙铁：扎门乌德	1 972	989	1 652	1 795	2 241	3 180	3 423	1 618
中铁：阿拉山口 哈铁：多斯特克	5 033	3 974	4 342	4 071	4 529	4 951	5 151	4 308

注：未列入表中的其他港口也可办理国际联运货物过境运输。

朝鲜民主主义人民共和国铁路过境里程表

（国境站之间的运价里程，是以国境线为起讫公里计算的）

朝　铁

铁路编号和国境站代码	朝鲜与俄罗斯 朝鲜与中国之间 起讫国境站	朝鲜与中国之间起讫国境站	朝鲜起讫港口站		
		朝铁：南阳 中铁：图们	朝铁：罗津港	朝铁：清津港	朝铁：南浦港
		30 33	30	30	30
30 1980 20	朝铁：豆满江 俄铁：哈桑	127	56	142	—
30 33	朝铁：南阳 中铁：图们	—	162	179	—
30 33	朝铁：新义州 中铁：丹东	—	—	—	285

吉尔吉斯斯坦铁路过境里程表

（国境站之间的运价里程，是以国境线为起讫公里计算的）

吉　铁

起讫国境站,铁路编号和国境口岸代码		至汽车运输换装站
		59 吉铁:雷巴奇耶 *
27 1211 59	哈铁:卢戈瓦亚	324
	吉铁:卢戈瓦亚	

*:至/自中华人民共和国。

拉脱维亚铁路过境里程表

（国境站之间的运价里程，是以国境线为起讫公里计算的）

拉　　铁

铁路编号和国境口岸代码	起讫国境站和港口站	拉铁与下列铁路之间的国境站							
		拉铁—爱铁之间	拉铁—立铁之间				拉铁—俄铁		拉铁—白铁
		拉铁：卢加日 爱铁：瓦尔加	拉铁：梅捷涅 立铁：约尼什基斯	拉铁：埃格莱涅 立铁：奥比亚利亚伊	拉铁：库尔楚姆斯 立铁：图尔曼塔斯	拉铁：列尼格 立铁：马热伊克亚伊	拉铁：济卢佩 俄铁：波辛	拉铁：卡尔萨瓦 俄铁：斯坎加利	拉铁：因德拉 白铁：比戈索沃
	国境口岸代码	25 1010 26	25 1001 24	25 1005 24	25 1006 24	25 1003 24	25 1036 20	25 1035 20	25 1060 21
25 1010 26	拉铁:卢加日 爱铁:瓦尔加	—	242	—	408	285	445	433	459
25 1001 24	拉铁:梅捷涅 立铁:约尼什基斯	242	—	—	—	—	325	313	339
25 1005 24	拉铁:埃格莱涅 立铁:罗基什基斯	—	—	—	—	—	185	174	112
25 1006 24	拉铁:库尔楚姆斯 立铁:图尔曼塔斯	408	—	—	—	—	174	162	101
25 1003 24	拉铁:列尼格 立铁:马热伊克亚伊	285	—	—	—	—	368	356	382
25 1036 20	拉铁:济卢佩 俄铁:波辛	445	325	185	174	368	—	—	—
25 1035 20	拉铁:卡尔萨瓦 俄铁:斯坎加利	433	313	174	162	356	—	—	—

续上表

铁路编号和国境口岸代码	起讫国境站和港口站	拉铁与下列铁路之间的国境站							
		拉铁—爱铁之间	拉铁—立铁之间				拉铁—俄铁		拉铁—白铁
		拉铁：卢加日 爱铁：瓦尔加	拉铁：梅捷涅 立铁：约尼什基斯	拉铁：埃格莱涅 立铁：奥比亚利亚伊	拉铁：库尔楚姆斯 立铁：图尔曼塔斯	拉铁：列尼格 立铁：马热伊克亚伊	拉铁：济卢佩 俄铁：波辛	拉铁：卡尔萨瓦 俄铁：斯坎加利	拉铁：因德拉 白铁：比戈索沃
	国境口岸代码	25 1010 26	25 1001 24	25 1005 24	25 1006 24	25 1003 24	25 1036 20	25 1035 20	25 1060 21
25 1060 21	拉铁:因德拉 白铁:比戈索沃	459	339	112	101	382	—	—	—
25 2812	拉铁:里加-克拉斯塔	167	85	—	—	128	288	276	302
25 2808	拉铁:文茨皮尔斯	345	200	—	—	243	459	447	473
25 2822	拉铁:利耶帕亚-帕萨日耶鲁	389	213	—	—	—	472	460	484
25 2823	拉铁:济耶梅利布拉兹马	171	89	—	—	132	292	280	306
25 2824	拉铁:曼加利	168	86	—	—	129	289	277	303
25 2825	拉铁:萨尔坎达乌加瓦	165	83	—	—	126	286	274	300
25 2826	拉铁:博尔杰拉亚	182	86	—	—	129	299	287	313
25 2827	拉铁:伊尔古齐耶姆斯	178	82	—	—	125	295	283	309
25 2828	拉铁:斯库尔捷	214	132	—	—	175	335	323	349

摩尔多瓦铁路

（国境站之间的运价里程，是

摩　　铁

经路起始过境站	铁路编码	国境站	摩尔多瓦—罗马尼亚（摩铁—罗铁） 温格内（出口站） 摩铁：温格内 罗铁：克里斯捷什蒂	朱尔朱列什季（出口站）＊＊ 摩铁：朱尔朱列什季＊＊ 罗铁：加拉茨	普鲁特Ⅱ（出口站） 摩铁：普鲁特Ⅱ 罗铁：费尔奇乌
摩尔多瓦—罗马尼亚（摩铁—罗铁）					
温格内（出口站）	23 53	摩铁：温格内 罗铁：克里斯捷什蒂		347/422	328
朱尔朱列什季（出口站）＊＊	23 53	摩铁：朱尔朱列什季 罗铁：加拉茨	347/422		239/114
普鲁特Ⅱ（出口站）	23 53	摩铁：普鲁特Ⅱ 罗铁：费尔奇乌	328	239/114	
摩尔多瓦—乌克兰（摩铁—乌［克］铁）					
耶图利亚（出口站）	23 22	摩铁：耶图利亚 乌(克)铁:267公里处会让站	345	2/331	237
新萨维茨卡亚（出口站）	23 22	摩铁：新萨维茨卡亚 乌（克）铁：库秋尔干	＊212/265	284/359	265
巴萨拉比亚斯卡（出口站）	23 22	摩铁：巴萨拉比亚斯卡 乌（克）铁：别列津诺	220	131/206	112

过境里程表

以国境线为起讫公里计算的）

摩尔多瓦—乌克兰（摩铁—乌[克]铁）							
耶图利亚（出口站）	新萨维茨卡亚（出口站）	巴萨拉比亚斯卡（出口站）	科尔巴斯纳（出口站）	维尔齐涅茨（出口站）	奥克尼察（出口站）	克里瓦（出口站）	朱尔朱列什季（出口站）
摩铁：耶图利亚 乌(克)铁：267公里处会让站	摩铁：新萨维茨卡亚 乌(克)铁：库秋尔干	摩铁：巴萨拉比亚斯卡 乌(克)铁：别列津诺	摩铁：科尔巴斯纳 乌(克)铁：斯洛博德卡	摩铁：维尔齐涅茨 乌(克)铁：莫吉廖夫-波多利斯基	摩铁：奥克尼察 乌(克)铁：索基里亚内	摩铁：БП-61公里 乌(克)铁：马马雷加	摩铁：朱尔朱列什季 乌(克)铁：列尼
345	*212/265	220	243	216	189	221	421
2/331	284/359	131/206	586/661	559/624	532/607	564/639	1/
237	265	112	567	540	513	545	113
	282	129	584	557	530	562	330
282		157	451	424	397	429	358
129	157		459	432	405	437	205

经路起始过境站	经路最终过境站		摩尔多瓦—罗马尼亚(摩铁—罗铁)		
			温格内 (出口站)	朱尔朱列什季 (出口站)＊＊	普鲁特Ⅱ (出口站)
	铁路编码	国境站	摩铁:温格内 罗铁:克里斯捷什蒂	摩铁:朱尔朱列什季＊＊ 罗铁:加拉茨	摩铁:普鲁特Ⅱ 罗铁:费尔奇乌
摩尔多瓦—乌克兰(摩铁—乌[克]铁)					
科尔巴斯纳 (出口站)	23 22	摩铁:科尔巴斯纳 乌(克)铁:斯洛博德卡	243	$\frac{586}{661}$	567
维尔齐涅茨 (出口站)	23 22	摩铁:维尔齐涅茨 乌(克)铁:莫吉廖夫-波多利斯基	216	$\frac{559}{634}$	540
奥克尼察 (出口站)	23 22	摩铁:奥克尼察 乌(克)铁:索基里亚内	189	$\frac{532}{607}$	513
克里瓦(出口站)	23 22	摩铁:БП-61公里 乌(克)铁:马马雷加	221	$\frac{564}{639}$	545
朱尔朱列什季	23 22	摩铁:朱尔朱列什季 乌(克)铁:列尼	421	1	113

＊:分子——新萨维茨卡亚(出口站)—宾杰里—温格内(出口站)经路里程。

分母——新萨维茨卡亚(出口站)—凯纳里—列瓦卡—温格内(出口站)经路里程。

＊＊:分子——巴萨拉比亚斯卡—耶图利亚—朱尔朱列什季经路里程。

分母——巴萨拉比亚斯卡—普鲁特—朱尔朱列什季经路里程。

续上表

摩尔多瓦—乌克兰（摩铁—乌[克]铁）							
耶图利亚（出口站）	新萨维茨卡亚（出口站）	巴萨拉比亚斯卡（出口站）	科尔巴斯纳（出口站）	维尔齐涅茨（出口站）	奥克尼察（出口站）	克里瓦（出口站）	朱尔朱列什季（出口站）
乌(克)铁：267公里处会让站 摩铁：耶图利亚	乌(克)铁：库秋尔干 摩铁：新萨维茨卡亚	乌(克)铁：别列津诺 摩铁：巴萨拉比亚斯卡	乌(克)铁：斯洛鲍德卡 摩铁：科尔巴斯纳	乌(克)铁：莫吉廖夫-波多利斯基 摩铁：维尔齐涅茨	乌(克)铁：索基里亚内 摩铁：奥克尼察	乌(克)铁：马马雷加 摩铁：БП—61公里	乌(克)铁：列尼 摩铁：朱尔朱列什季
584	451	459		285	258	290	660
557	424	432	285		49	81	633
530	397	405	258	49		43	606
562	429	437	290	81	43		638
330	358	205	660	633	606	638	

蒙古铁路过境里程表

（国境站之间的运价里程，是以国境线为起讫公里计算的）

蒙　　铁

蒙古—俄罗斯联邦之间 起讫国境站 铁路编号和国境口岸代码		蒙古—中国之间的国境站 蒙铁:扎门乌德 中铁:二连＊
1	2	
31 1990 20	蒙铁:纳乌什基 俄铁:苏赫巴托	1 110

＊:不办理灌装货物的换装作业。

俄罗斯联邦铁路过境里程表

（国境站之间的里程，是以国境线为起讫公里计算的）

俄　　铁

起讫 国境站		下列铁路之间的国境站					
		俄罗斯—芬兰				俄罗斯—格鲁吉亚	俄罗斯—阿塞拜疆
		俄铁：布斯洛夫斯卡亚 芬铁：瓦伊尼卡拉	俄铁：斯韦托戈尔斯克 芬铁：伊马特兰科斯基	俄铁：维亚尔特西利亚 芬铁：尼拉拉	俄铁：基维亚尔维 芬铁：瓦尔季乌斯	俄铁：维谢洛耶 格铁：甘季阿季	俄铁：萨穆尔 阿(塞)铁：亚拉马
		20 720 10	20 721 10	20 724 10	20 725 10	20 28	20 57
俄罗斯—蒙古							
20 1990 31	俄铁:纳乌什基 蒙铁:苏赫巴托	6 346	6 385	6 443	6 869	6 884	6 774
20 1991 31	俄铁:索洛维耶夫斯克 蒙铁:艾兰察夫	7 072	7 111	7 169	7 595	7 610	7 500
俄罗斯—中国							
20 1840 33	俄铁:后贝加尔 中铁:满洲里	7 104	7 143	7 201	7 627	7 642	7 532

续上表

起讫国境站		下列铁路之间的国境站					
		俄罗斯—芬兰				俄罗斯—格鲁吉亚	俄罗斯—阿塞拜疆
		芬铁：瓦伊尼卡拉 俄铁：布斯洛夫斯卡亚	芬铁：伊马特兰科斯基 俄铁：斯韦托戈尔斯克	芬铁：尼拉拉 俄铁：维亚尔特西利亚	芬铁：瓦尔季乌斯 俄铁：基维亚尔维	格铁：甘季阿季 俄铁：维谢洛耶	阿(塞)铁：亚拉马 俄铁：萨穆尔
		20 720 10	20 721 10	20 724 10	20 725 10	20 28	20 57
俄罗斯—中国							
20 1843 33	俄铁：格罗迭科沃 中铁：绥芬河	9 720	9 759	9 817	10 243	10 258	10 148
20 33	俄铁：卡梅绍瓦亚 中铁：珲春	9 873	9 812	9 970	10 396	10 411	10 301
俄罗斯—朝鲜							
20 1980 30	俄铁：哈桑 朝铁：豆满江	9 885	9 924	9 982	10 408	10 423	10 313

俄　　铁

起讫国境站		下列铁路之间的国境站				
		俄罗斯—乌克兰				
		乌(克)铁：泽尔诺沃 俄铁：苏泽姆卡	乌(克)铁：卡扎奇亚洛帕尼 俄铁：克拉斯内胡托尔	乌(克)铁：托波利 俄铁：索洛维伊	乌(克)铁：克拉斯纳亚莫吉拉 俄铁：古科沃	乌(克)铁：克瓦希诺 俄铁：乌斯片斯卡亚
		20 1102 22	20 1106 22	20 1108 22	20 1112 22	20 1114 22
俄罗斯—蒙古						
20 1990 31	俄铁：纳乌什基 蒙铁：苏赫巴托	6 297	6 386	6 159	6 264	6 532

续上表

起讫国境站		下列铁路之间的国境站				
		俄罗斯—乌克兰				
		乌(克)铁：泽尔诺沃 俄铁：苏泽姆卡	乌(克)铁：卡扎奇亚洛帕尼 俄铁：克拉斯内胡托尔	乌(克)铁：托波利 俄铁：索洛维伊	乌(克)铁：克拉斯纳亚莫吉拉 俄铁：古科沃	乌(克)铁：克瓦希诺 俄铁：乌斯片斯卡亚
		20 1102 22	20 1106 22	20 1108 22	20 1112 22	20 1114 22
俄罗斯—蒙古						
20 1991 31	俄铁：索洛维耶夫斯克 蒙铁：艾兰察夫	7 023	7 112	6 885	6 990	7 258
俄罗斯—中国						
20 1840 33	俄铁：后贝加尔 中铁：满洲里	7 055	7 144	6 917	7 022	7 290
20 1843 33	俄铁：格罗迭科沃 中铁：绥芬河	9 671	9 760	9 533	9 638	9 906
20 33	俄铁：卡梅绍瓦亚 中铁：珲春	9 824	9 913	9 686	9 791	10 059
俄罗斯—朝鲜						
20 1980 30	俄铁：哈桑 朝铁：豆满江	9 836	9 925	9 698	9 803	10 071

俄　铁

起讫国境站		下列铁路之间的国境站					
		俄罗斯—朝鲜	俄罗斯—蒙古		俄罗斯—中国		
		俄铁：哈桑 朝铁：豆满江	俄铁：纳乌什基 蒙铁：苏赫巴托	俄铁：索罗维耶夫斯克 蒙铁：艾兰察夫	俄铁：后贝加尔 中铁：满洲里	俄铁：格罗迭科沃 中铁：绥芬河	俄铁：卡梅绍瓦亚 中铁：珲春
		20 1980 30	20 1990 31	20 1991 31	20 1840 33	20 1843 33	20 33
俄罗斯—白俄罗斯							
20 1071 21	俄铁：扎维列日耶 白铁：耶泽利谢	9 921	6 382	7 108	7 140	9 756	9 909
20 1072 21	俄铁：鲁德尼亚 白铁：扎奥利沙	9 858	6 319	7 045	7 077	9 693	9 846
20 1073 21	俄铁：克拉斯诺耶 白铁：奥西诺夫卡	9 850	6 311	7 037	7 069	9 685	9 838
20 1075 21	俄铁：苏拉日 白铁：茹尔宾	9 889	6 350	7 076	7 108	9 724	9 877
20 1076 21	俄铁：兹伦卡 白铁：扎科佩奇耶	9 940	6 401	7 127	7 159	9 775	9 928
俄罗斯—拉脱维亚							
20 1035 25	俄铁：斯坎加利 拉铁：卡尔萨瓦	10 013	6 474	7 200	7 232	9 848	10 001
20 1036 25	俄铁：波辛 拉铁：济卢佩	10 008	6 469	7 195	7 227	9 843	9 996
俄罗斯—爱沙尼亚							
20 1045 26	俄铁：伊万哥罗德-纳尔瓦 爱铁：纳尔瓦	9 879	6 340	7 066	7 098	9 714	9 867
20 26	俄铁：佩乔雷-普斯科夫斯基耶 爱铁：科伊杜拉	9 938	6 399	7 125	7 157	9 773	9 926

续上表

<table>
<tr><td rowspan="4" colspan="2">起讫
国境站</td><td colspan="6">下列铁路之间的国境站</td></tr>
<tr><td>俄罗斯
—朝鲜</td><td colspan="2">俄罗斯—蒙古</td><td colspan="3">俄罗斯—中国</td></tr>
<tr><td>朝铁：豆满江
俄铁：哈桑</td><td>蒙铁：苏赫巴托
俄铁：纳乌什基</td><td>蒙铁：艾兰察夫
俄铁：索罗维耶夫斯克</td><td>中铁：满洲里
俄铁：后贝加尔</td><td>中铁：绥芬河
俄铁：格罗迭科沃</td><td>中铁：珲春
俄铁：卡梅绍瓦亚</td></tr>
<tr><td>20
1980
30</td><td>20
1990
31</td><td>20
1991
31</td><td>20
1840
33</td><td>20
1843
33</td><td>20

33</td></tr>
<tr><td colspan="8">俄罗斯—哈萨克斯坦</td></tr>
<tr><td>20

27</td><td>俄铁：阿克萨莱斯卡亚Ⅱ
哈铁：季内努尔佩伊索沃伊</td><td>9 647</td><td>6 108</td><td>6 834</td><td>6 866</td><td>9 482</td><td>9 635</td></tr>
<tr><td>20

27</td><td>俄铁：奥津基
哈铁：谢米格拉维马尔</td><td>9 148</td><td>5 609</td><td>6 335</td><td>6 367</td><td>8 983</td><td>9 136</td></tr>
<tr><td>20

27</td><td>俄铁：卡尼赛
哈铁：伊利茨克Ⅰ</td><td>8 471</td><td>4 932</td><td>5 658</td><td>5 690</td><td>8 306</td><td>8 459</td></tr>
<tr><td>20

27</td><td>俄铁：奥尔斯克-新城
哈铁：基尔吉利达</td><td>8 099</td><td>4 560</td><td>5 286</td><td>5 318</td><td>7 934</td><td>8 087</td></tr>
<tr><td>20

27</td><td>俄铁：卡尔塔雷1
哈铁：阿克苏</td><td>7 831</td><td>4 292</td><td>5 018</td><td>5 050</td><td>7 666</td><td>7 819</td></tr>
<tr><td>20

27</td><td>俄铁：扎乌拉利耶
哈铁：泽尔诺瓦亚</td><td>7 349</td><td>3 810</td><td>4 536</td><td>4 568</td><td>7 184</td><td>7 337</td></tr>
<tr><td>20

27</td><td>俄铁：库伦达
哈铁：库尔卡梅斯</td><td>6 633</td><td>3 094</td><td>3 820</td><td>3 852</td><td>6 468</td><td>6 621</td></tr>
<tr><td>20
1159
27</td><td>俄铁：彼得罗巴甫洛夫斯克
哈铁：彼得罗巴甫洛夫斯克</td><td>7 008</td><td>3 469</td><td>4 195</td><td>4 227</td><td>6 843</td><td>6 996</td></tr>
<tr><td>20
1158
27</td><td>俄铁：洛科季
哈铁：洛科季</td><td>6 575</td><td>3 036</td><td>3 762</td><td>3 794</td><td>6 410</td><td>6 563</td></tr>
</table>

续上表

起讫国境站		下列铁路之间的国境站					
		俄罗斯—朝鲜	俄罗斯—蒙古		俄罗斯—中国		
		朝铁：豆满江 俄铁：哈桑	蒙铁：苏赫巴托 俄铁：纳乌什基	蒙铁：艾兰察夫 俄铁：索罗维耶夫斯克	中铁：满洲里 俄铁：后贝加尔	中铁：绥芬河 俄铁：格罗迭科沃	中铁：珲春 俄铁：卡梅绍瓦亚
		20 1980 30	20 1990 31	20 1991 31	20 1840 33	20 1843 33	20 1843 33
俄罗斯—蒙古							
20 1990 31	俄铁:纳乌什基 蒙铁:苏赫巴托	4 045	—	1 232	1 264	3 880	4 033
20 1991 31	俄铁:索罗维耶夫斯克 蒙铁:艾兰察夫	3 481	1 232	—	206	3 316	3 469
俄罗斯—中国							
20 1840 33	俄铁:后贝加尔 中铁:满洲里	3 513	1 264	206	—	3 348	3 501
20 1843 33	俄铁:格罗迭科沃 中铁:绥芬河	380	3 880	3 316	3 348	—	368
20 33	俄铁:卡梅绍瓦亚 中铁:珲春	52	4 033	3 469	3 501	368	—
俄罗斯—朝鲜							
20 1980 30	俄铁:哈桑 朝铁:豆满江	—	4 045	3 481	3 513	380	52

俄　铁

起讫国境站		下列铁路之间的国境站			
		俄罗斯—立陶宛		俄罗斯—波兰	
		俄铁：索维茨克 立铁：帕格吉亚伊	俄铁：涅斯捷罗夫 立铁：基巴尔泰	俄铁：马莫诺沃 波铁：布拉涅沃	俄铁：热列兹诺多罗日内 波铁：斯坎达瓦
		20 1106 24	20 1108 24	20 1112 51	20 1114 51
俄罗斯—立陶宛					
20 1106 24	俄铁：索维茨克 立铁：帕格吉亚伊	—	120	181	107
20 1108 24	俄铁：涅斯捷罗夫 立铁：基巴尔泰	120	—	207	109
俄罗斯—波兰					
20 1112 51	俄铁：马莫诺沃 波铁：布拉涅沃	181	207	—	194
20 1114 51	俄铁：热列兹诺多罗日内 波铁：斯坎达瓦	107	109	194	—

俄　铁

起讫国境站		至下列各港口站						
		阿夫托沃	亚速	阿尔汉格尔斯克-哥罗德	阿斯特拉罕 1	布拉戈维申斯克	瓦尼诺	符拉迪沃斯托克
俄罗斯—蒙古								
20 1990 31	俄铁：纳乌什基 蒙铁：苏赫巴托	6 194	6 422	6 124	6 116	2 580	3 872	3 895
20 1991 31	俄铁：索洛维耶夫斯克 蒙铁：艾兰察夫	6 920	7 148	6 850	6 842	2 016	3 308	3 331

续上表

起讫 国境站		至下列各港口站						
		阿夫 托沃	亚速	阿尔汉格 尔斯克- 哥罗德	阿斯特 拉罕1	布拉戈 维申 斯克	瓦尼诺	符拉迪 沃斯 托克
俄罗斯—中国								
20 1840 33	俄铁:后贝加尔 中铁:满洲里	6 952	7 180	6 882	6 874	2 048	3 340	3 363
20 1843 33	俄铁:格罗迭科沃 中铁:绥芬河	9 568	9 796	9 498	9 490	1 518	1 578	230
20 33	俄铁:卡梅绍瓦亚 中铁:珲春	9 721	9 949	9 651	9 643	1 671	1 731	316
俄罗斯—朝鲜								
20 1980 30	俄铁:哈桑 朝铁:豆满江	9 733	9 961	9 663	9 655	1 683	1 743	328

俄　铁

起讫 国境站		至下列各港口站						
		马哈奇 卡拉	摩尔曼 斯克	梅斯-阿 斯塔菲 耶瓦	梅斯- 丘尔金	纳霍 德卡	纳霍德 卡东	新罗西 斯克
俄罗斯—蒙古								
20 1990 31	俄铁:纳乌什基 蒙铁:苏赫巴托	6 604	6 999	4 050	3 904	4 029	4 047	6 679
20 1991 31	俄铁:索洛维耶夫斯克 蒙铁:艾兰察夫	7 330	7 725	3 486	3 340	3 465	3 483	7 405
俄罗斯—中国								
20 1840 33	俄铁:后贝加尔 中铁:满洲里	7 362	7 757	3 518	3 372	3 497	3 515	7 437
20 1843 33	俄铁:格罗迭科沃 中铁:绥芬河	9 978	10 373	385	239	364	382	10 053
20 33	俄铁:卡梅绍瓦亚 中铁:珲春	10 131	10 526	471	325	450	468	10 206
俄罗斯—朝鲜								
20 1980 30	俄铁:哈桑 朝铁:豆满江	10 143	10 538	483	337	462	480	10 218

俄　铁

起讫 国境站		至下列各港口站						
		伏尔加格勒港	维堡	维索茨克	叶伊斯克	加里宁格勒	克拉博瓦亚	坎达拉克沙
俄罗斯—蒙古								
20 1990 31	俄铁:纳乌什基 蒙铁:苏赫巴托	5 882	6 318	6 348	6 554	—	4 047	6 727
20 1991 31	俄铁:索洛维耶夫斯克 蒙铁:艾兰察夫	6 608	7 044	7 074	7 280	—	3 483	7 453
俄罗斯—中国								
20 1840 33	俄铁:后贝加尔 中铁:满洲里	6 640	7 076	7 106	7 312	—	3 515	7 485
20 1843 33	俄铁:格罗迭科沃 中铁:绥芬河	9 256	9 692	9 722	9 928	—	382	10 101
20 33	俄铁:卡梅绍瓦亚 中铁:珲春	9 409	9 845	9 875	10 081	—	468	10 254
俄罗斯—朝鲜								
20 1980 30	俄铁:哈桑 朝铁:豆满江	9 421	9 857	9 887	10 093	—	480	10 266
俄罗斯—立陶宛								
20 1106 24	俄铁:索维茨克 立铁:帕格吉亚伊	—	—	—	—	125	—	—
20 1108 24	俄铁:涅斯捷罗夫 立铁:基巴尔泰	—	—	—	—	151	—	—
俄罗斯—波兰								
20 1112 51	俄铁:马莫诺沃 波铁:布拉涅沃	—	—	—	—	56	—	—
20 1114 51	俄铁:热列兹诺多罗日内 波铁:斯坎达瓦	—	—	—	—	138	—	—

俄　铁

起讫 国境站		至下列各港口站						
		诺维港	奥拉 宁包姆	波西 耶特	雷布 尼基	萨拉 托夫港	苏哈 诺夫卡	塔干 罗格
俄罗斯—蒙古								
20 1990 31	俄铁:纳乌什基 蒙铁:苏赫巴托	6 194	6 220	4 001	4 043	5 448	3 970	6 474
20 1991 31	俄铁:索洛维耶夫斯克 蒙铁:艾兰察夫	6 920	6 946	3 437	3 479	6 174	3 406	7 200
俄罗斯—中国								
20 1840 33	俄铁:后贝加尔 中铁:满洲里	6 952	6 978	3 469	3 511	6 206	3 438	7 232
20 1843 33	俄铁:格罗迭科沃 中铁:绥芬河	9 568	9 594	336	378	8 822	305	9 848
20 33	俄铁:卡梅绍瓦亚 中铁:珲春	9 721	9 747	56	464	8 975	63	10 001
俄罗斯—朝鲜								
20 1980 30	俄铁:哈桑 朝铁:豆满江	9 733	9 759	68	476	8 987	75	10 013

俄　铁

起讫 国境站		至下列各港口站				
		图阿普谢	乌斯季- 顿涅茨卡亚	哈巴罗夫 斯克 1	扬德基	奥利亚港
俄罗斯—蒙古						
20 1990 31	俄铁:纳乌什基 蒙铁:苏赫巴托	6 770	6 354	3 129	6 238	6 286
20 1991 31	俄铁:索洛维耶夫斯克 蒙铁:艾兰察夫	7 496	7 080	2 565	6 964	7 012
俄罗斯—中国						
20 1840 33	俄铁:后贝加尔 中铁:满洲里	7 528	7 112	2 597	6 996	7 044

续上表

起讫国境站		至下列各港口站				
		图阿普谢	乌斯季-顿涅茨卡亚	哈巴罗夫斯克1	扬德基	奥利亚港
俄罗斯—中国						
20 1843 33	俄铁:格罗迭科沃 中铁:绥芬河	10 144	9 728	751	9 612	9 660
20 33	俄铁:卡梅绍瓦亚 中铁:珲春	10 297	9 881	904	9 765	9 813
俄罗斯—朝鲜						
20 1980 30	俄铁:哈桑 朝铁:豆满江	10 309	9 893	916	9 777	9 825

俄　　铁

起讫国境站		抵达国境站	
		卢日斯卡亚	波罗的斯克
俄罗斯—蒙古			
20 1990 31	俄铁:纳乌什基 蒙铁:苏赫巴托	6 326	—
20 1991 31	俄铁:索洛维耶夫斯克 蒙铁:艾兰察夫	7 052	—
俄罗斯—中国			
20 1840 33	俄铁:后贝加尔 中铁:满洲里	7 084	—
20 1843 33	俄铁:格罗迭科沃 中铁:绥芬河	9 700	—
20 33	俄铁:卡梅绍瓦亚 中铁:珲春	9 853	—
俄罗斯—朝鲜			
20 1980 30	俄铁:哈桑 朝铁:豆满江	9 865	—

续上表

起讫国境站		抵达国境站	
		卢日斯卡亚	波罗的斯克
俄罗斯—立陶宛			
20 1106 24	俄铁:索维茨克 立铁:帕格吉亚伊	—	172
20 1108 24	俄铁:涅斯捷罗夫 立铁:基巴尔泰	—	198
俄罗斯—波兰			
20 1112 51	俄铁:马莫诺沃 波铁:布拉涅沃	—	103
20 1114 51	俄铁:热列兹诺多罗日内 波铁:斯坎达瓦	—	185

在经俄罗斯联邦主要领土和加里宁格勒地区运送货物时,俄铁过境里程按俄罗斯联邦主要领土铁路和加里宁格勒铁路两段里程总额计算。

塔吉克斯坦铁路过境里程表

(国境站之间的运价里程,是以国境线为起讫公里计算的)

塔　　铁

起讫国境站,铁路编号		塔铁—乌(兹)铁之间的国境站	
		塔铁:霍沙德 乌(兹)铁:阿穆赞格	塔铁:卡尼巴达姆 乌(兹)铁:136 会让站
		66 29	66 29
1	2	3	4
66 29	塔铁:斯皮塔缅 乌(兹)铁:别卡巴德	—	109
66	塔铁:贾洛利金尼鲁米 *	129	—
66	塔铁:库尔干-秋别 *	164	—
66	塔铁:库利亚布 *	296	—

*:进出阿富汗的公路货物转运站。

乌兹别克斯坦铁

（国境站之间的运价里程，

乌(兹)铁

起讫国境站，铁路编号		下列铁路之									
		乌(兹)铁—哈铁			乌(兹)铁—塔铁				乌(兹)铁—		
		乌(兹)铁：卡拉卡尔帕基亚 哈铁：奥阿济斯	乌(兹)铁：克列斯 哈铁：萨雷阿加奇	乌(兹)铁：瑟尔达里因斯卡亚 哈铁：帕赫塔拉尔	乌(兹)铁：别卡巴德 塔铁：纳乌	乌(兹)铁：苏沃诺巴德 塔铁：卡尼巴达姆	乌(兹)铁：阿穆赞格 塔铁：霍沙德	乌(兹)铁：库杜克利 塔铁：帕赫塔巴德	乌(兹)铁：萨瓦伊 吉铁：卡拉苏枢纽	乌(兹)铁：苏尔塔纳巴德 吉铁：卡拉苏枢纽	乌(兹)铁：库瓦赛 吉铁：38 公里哨所
		29 1174 27	29 1173 27	29 1175 27	29 1190 66	29 1191 66	29 1192 66	29 1193 66	29 1195 59	29 1197 59	29 1194 59
1	2	3	4	5	6	7	8	9	10	11	12
29 1174 27	乌(兹)铁:卡拉卡尔帕基亚 哈铁:奥阿济斯	—	1 686	1 586	1 540	1 540	1 588	1 688	1 771	1 771	1 699
29 1173 27	乌(兹)铁:克列斯 哈铁:萨雷阿加奇	1 686	—	122	220	220	735	835	451	451	379
29 1175 27	乌(兹)铁:瑟尔达里因斯卡亚 哈铁:帕赫塔拉尔	1 586	122	—	120	120	635	735	351	351	279
29 1190 66	乌(兹)铁:别卡巴德 塔铁:纳乌	1 540	220	120	—	—	589	689	231	231	159
29 1191 66	乌(兹)铁:苏沃诺巴德 塔铁:卡尼巴达姆	1 540	220	120	—	—	589	689	231	231	159
29 1192 66	乌(兹)铁:阿穆赞格 塔铁:霍沙德	1 588	735	635	589	589	—	208	820	820	748
29 1193 66	乌(兹)铁:库杜克利 塔铁:帕赫塔巴德	1 688	835	735	689	689	208	—	920	920	848
29 1195 59	乌(兹)铁:萨瓦伊 吉铁:卡拉苏枢纽	1 771	451	351	231	231	820	920	—	—	150
29 1197 59	乌(兹)铁:苏尔塔纳巴德 吉铁:卡拉苏枢纽	1 771	451	351	231	231	820	920	—	—	150
29 1194 59	乌(兹)铁:库瓦赛 吉铁:38 公里哨所	1 699	379	279	159	159	748	848	150	150	—
29 1196 59	乌(兹)铁:哈纳巴德 吉铁:贾拉拉巴德	1 789	469	369	249	249	838	938	18	18	168

路过境里程表

是以国境线为起讫公里计算的）

间的国境站								换装至汽车运输的车站		
吉铁		乌(兹)铁—土铁						乌(兹)铁—阿(富)铁		
吉铁：贾拉拉巴德 乌(兹)铁：哈纳巴德	吉铁：沙马尔德赛 乌(兹)铁：乌奇库尔干	土铁：161会让站 乌(兹)铁：博尔德里	土铁：塔利马尔占 乌(兹)铁：尼尚	土铁：塔西阿塔什 乌(兹)铁：纳伊曼库尔	土铁：达绍古兹 乌(兹)铁：沙瓦特	土铁：卡佐贾克 乌(兹)铁：皮特尼亚克	土铁：法拉普 乌(兹)铁：霍贾达弗列特	阿(富)铁：海拉顿 乌(兹)铁：加拉巴	阿(富)铁： 乌(兹)铁：铁尔梅兹口岸*	阿(富)铁： 乌(兹)铁：铁尔梅兹**
29 1196 59	29 1198 59	29 1167 67	29 1169 67	29 1176 67	29 1168 67	29 1178 67	29 1168 67	29 69	29 69	29 69
13	14	15	16	17	18	19	20	21	22	23
1 789	1 728	1 457	1 457	431	779	687	1 336	1 735	1 732	1 720
469	408	604	604	1 259	1 177	1 085	732	882	879	867
369	308	504	504	1 159	1 077	985	632	782	779	767
249	188	458	458	1 113	1 031	939	586	736	733	721
249	188	458	458	1 113	1 031	939	586	736	733	721
838	777	131	131	1 161	1 079	987	448	49	66	54
938	877	231	231	1 261	1 179	1 087	548	169	166	154
18	116	689	689	1 344	1 262	1 170	817	967	964	952
18	116	689	689	1 344	1 262	1 170	817	967	964	952
168	168	617	617	1 272	1 190	1 098	745	895	892	880
—	134	707	707	1 362	1 280	1 188	835	985	982	970

起讫国境站，铁路编号		下列铁路之									
		乌(兹)铁—哈铁			乌(兹)铁—塔铁				乌(兹)铁—		
		哈铁：奥阿济斯 乌(兹)铁：卡拉卡尔帕基亚	哈铁：萨雷阿加奇 乌(兹)铁：克列斯	哈铁：帕赫塔拉尔 乌(兹)铁：瑟尔达里因斯卡亚	塔铁：纳乌 乌(兹)铁：别卡巴德	塔铁：卡尼巴达姆 乌(兹)铁：苏沃诺巴德	塔铁：霍沙德 乌(兹)铁：阿穆赞格	塔铁：帕赫塔巴德 乌(兹)铁：库杜克利	吉铁：卡拉苏枢纽 乌(兹)铁：萨瓦伊	吉铁：卡拉苏枢纽 乌(兹)铁：苏尔塔纳巴德	吉铁：38公里哨所 乌(兹)铁：库瓦赛
		29 1174 27	29 1173 27	29 1175 27	29 1190 66	29 1191 66	29 1192 66	29 1193 66	29 1195 59	29 1197 59	29 1194 59
1	2	3	4	5	6	7	8	9	10	11	12
29 1198 59	乌(兹)铁：乌奇库尔干 吉铁：沙马尔德赛	1 728	408	308	188	188	777	877	116	116	168
29 1167 67	乌(兹)铁：博尔德里 土铁：161 会让站	1 457	604	504	458	458	131	231	689	689	617
29 1169 67	乌(兹)铁：尼尚 土铁：塔利马尔占	1 457	604	504	458	458	131	231	689	689	617
29 1176 67	乌(兹)铁：纳伊曼库尔 土铁：塔西阿塔什	431	1 259	1 159	1 113	1 113	1 161	1 261	1 344	1 344	1 272
29 1179 67	乌(兹)铁：沙瓦特 土铁：达绍古兹	779	1 177	1 077	1 031	1 031	1 079	1 179	1 262	1 262	1 190
29 1178 67	乌(兹)铁：皮特尼亚克 土铁：卡佐贾克	687	1 085	985	939	939	987	1 087	1 170	1 170	1 098
29 1168 67	乌(兹)铁：霍贾达弗列特 土铁：法拉普	1 336	732	632	586	586	448	548	817	817	745
29 69	乌(兹)铁：加拉巴 阿(富)铁：海拉顿	1 735	882	782	736	736	49	169	967	967	895
29 69	乌(兹)铁：铁尔梅兹口岸 阿(富)铁：	1 732	879	779	733	733	66	166	964	964	892
29	乌(兹)铁：铁尔梅兹	1 720	867	767	721	721	54	154	952	952	880

*：进阿富汗；

* *：进出阿富汗。

续上表

间的国境站								换装至汽车运输的车站		
吉铁		乌(兹)铁—土铁						乌(兹)铁—阿(富)铁		
吉铁：贾拉拉巴德 乌(兹)铁：哈纳巴德	吉铁：沙马尔德赛 乌(兹)铁：乌奇库尔干	土铁：161会让站 乌(兹)铁：博尔德里	土铁：塔利马尔占 乌(兹)铁：尼尚	土铁：塔西阿塔什 乌(兹)铁：纳伊曼库尔	土铁：达绍古兹 乌(兹)铁：沙瓦特	土铁：卡佐贾克 乌(兹)铁：皮特尼亚克	土铁：法拉普 乌(兹)铁：霍贾达弗列特	阿(富)铁：海拉顿 乌(兹)铁：加拉巴	阿(富)铁： 乌(兹)铁：铁尔梅兹口岸*	阿(富)铁： 乌(兹)铁：铁尔梅兹**
29 1196 59	29 1198 59	29 1167 67	29 1169 67	29 1176 67	29 1168 67	29 1178 67	29 1168 67	29 69	29 69	29 69
13	14	15	16	17	18	19	20	21	22	23
134	—	646	646	1 301	1 219	1 127	774	924	921	909
707	646	—	—	1 030	948	856	317	92	89	77
707	646	—	—	1 030	948	856	317	402	399	387
1 362	1 301	1 030	1 030	—	352	261	909	1 308	1 305	1 293
1 280	1 219	948	948	352	—	130	827	1 226	1 223	1 211
1 188	1 127	856	856	261	130	—	735	1 134	1 131	1 119
835	774	317	317	909	827	735	—	595	592	580
985	924	92	402	1 308	1 226	1 134	595	—	27	15
982	921	89	399	1 305	1 223	1 131	592	27	—	12
970	909	77	387	1 293	1 211	1 119	580	15	12	—

乌克兰铁路

（国境站之间的运价里程，是

乌(克)铁

铁路编号和国境口岸代码	起讫国境站	下列铁路之			
		乌克兰—白俄罗斯(乌[克]铁			
		白铁：马洛里托 乌(克)铁：扎博洛奇耶	白铁：戈雷尼 乌(克)铁：乌德里茨克	白铁：斯洛维奇诺 乌(克)铁：别列热斯季	白铁：捷留哈 乌(克)铁：戈尔诺斯塔耶夫卡
	口岸代码	22 1120 21	22 1121 21	22 1122 21	22 1123 21
22 1120 21	乌(克)铁：扎博洛奇耶 白铁：马洛里托	—	—	—	—
22 1121 21	乌(克)铁：乌德里茨克 白铁：戈雷尼	—	—	—	—
22 1122 21	乌(克)铁：别列热斯季 白铁：斯洛维奇诺	—	—	—	—
22 1123 21	乌(克)铁：戈尔诺斯塔耶夫卡 白铁：捷留哈	—	—	—	—
22 1124 21	乌(克)铁：霍洛比奇 白铁：捷列霍夫卡	—	—	—	—
22 1102 20	乌(克)铁：泽尔诺沃 俄铁：苏泽姆卡	954	894	594	384
22 1106 20	乌(克)铁：卡扎奇亚洛帕尼 俄铁：克拉斯内胡托尔	1 145	1 085	785	627
22 1108 20	乌(克)铁：托波利 俄铁：索洛维伊	1 263	1 203	903	745
22 1112 20	乌(克)铁：克拉斯纳亚莫吉拉 俄铁：古科沃	1 504	1 444	1 167	1 009
22 1114 20	乌(克)铁：克瓦希诺 俄铁：乌斯片斯卡亚	1 413	1 353	1 105	947
22 0935 53	乌(克)铁：瓦杜尔西列特 罗铁：多尔涅什季	584	668	619	927

过境里程表

以国境线为起讫公里计算的）

间的国境站					
一白铁）	乌克兰—俄罗斯(乌[克]铁—俄铁)				
白铁：捷列霍夫卡 乌(克)铁：霍洛比奇	俄铁：苏泽姆卡 乌(克)铁：泽尔诺沃	俄铁：克拉斯内胡托尔 乌(克)铁：卡扎奇亚洛帕尼	俄铁：索洛维伊 乌(克)铁：托波利	俄铁：古科沃 乌(克)铁：克拉斯纳亚莫吉拉	俄铁：乌斯片斯卡亚 乌(克)铁：克瓦希诺
22 1124 21	22 1102 20	22 1106 20	22 1108 20	22 1112 20	22 1114 20
—	954	1 145	1 263	1 504	1 413
—	894	1 085	1 203	1 444	1 353
—	594	785	903	1 167	1 105
—	384	627	745	1 009	947
—	309	552	670	934	872
309	—	—	—	—	—
552	—	—	—	—	—
670	—	—	—	—	—
934	—	—	—	—	—
872	—	—	—	—	—
992	1 001	1 192	1 310	1 577	1 460

铁路编号和国境口岸代码	起讫国境站	下列铁路之			
		乌克兰—白俄罗斯(乌[克]铁			
		白铁:马洛里托 乌(克)铁:扎博洛奇耶	白铁:戈雷尼 乌(克)铁:乌德里茨克	白铁:斯洛维奇诺 乌(克)铁:别列热斯季	白铁:捷留哈 乌(克)铁:戈尔诺斯塔耶夫卡
	口岸代码	22 1120 21	22 1121 21	22 1122 21	22 1123 21
22 1143 23	乌(克)铁:索基里亚内 摩铁:奥克尼察	613	553	561	869
22 1140 23	乌(克)铁:莫吉廖夫-波多利斯基 摩铁:奥普-阿塔基	660	600	607	672
22 1144 23	乌(克)铁:斯洛博德卡 摩铁:科尔巴斯纳	733	673	680	745
22 1146 23	乌(克)铁:库丘尔干 摩铁:新萨维茨卡亚	873	813	820	885
22 1139 23	乌(克)铁:列尼 * 摩铁:朱尔朱列什季(加拉茨)	925	865	872	937
22 0960 51	乌(克)铁:亚戈金 波铁:多罗胡斯克	130	261	445	882
22 0961 51	乌(克)铁:伊佐夫 波铁:赫鲁别舒夫	151	282	466	903
22 0962 51	乌(克)铁:莫斯季斯卡Ⅱ 波铁:梅地卡	352	436	590	952
22 0964 51	乌(克)铁:拉瓦-鲁斯卡亚 波铁:维尔赫拉塔	238	369	579	941
22 0956 55	乌(克)铁:巴捷沃 匈铁:埃佩列什克	531	615	769	1 131
22 0955 55	乌(克)铁:乔普 匈铁:扎洪	540	624	778	1 140
22 0950 56	乌(克)铁:乔普 斯铁:切尔纳(蒂萨河畔)	542	626	780	1 142
22 0954 56	乌(克)铁:乌日哥罗德 斯铁:马捷夫采	550	634	788	1 150
22 0930 53	乌(克)铁:季亚科沃 罗铁:哈尔梅乌	610	694	848	1 210

间的国境站					
—白铁)	乌克兰—俄罗斯(乌[克]铁—俄铁)				
白铁：捷列霍夫卡 乌(克)铁：霍洛比奇	俄铁：苏泽姆卡 乌(克)铁：泽尔诺沃	俄铁：克拉斯内胡托尔 乌(克)铁：卡扎奇亚洛帕尼	俄铁：索洛维伊 乌(克)铁：托波利	俄铁：古科沃 乌(克)铁：克拉斯纳亚莫吉拉	俄铁：乌斯片斯卡亚 乌(克)铁：克瓦希诺
22 1124 21	22 1102 20	22 1106 20	22 1108 20	22 1112 20	22 1114 20
934	943	1 134	1 252	1 493	1 402
737	746	937	1 055	1 296	1 205
810	819	790	908	1 057	966
950	959	878	996	1 145	1 054
1 002	1 011	930	1 048	1 197	1 106
947	956	1 147	1 265	1 506	1 415
968	977	1 168	1 286	1 527	1 436
1 017	1 026	1 217	1 335	1 576	1 485
1 006	1 015	1 206	1 324	1 565	1 474
1 196	1 205	1 396	1 514	1 755	1 664
1 205	1 214	1 405	1 523	1 764	1 673
1 207	1 216	1 407	1 525	1 766	1 675
1 215	1 224	1 415	1 533	1 774	1 683
1 275	1 284	1 475	1 593	1 834	1 743

铁路编号和国境口岸代码	起讫国境站	下列铁路之				
		乌克兰—摩尔多瓦（乌[铁]铁—摩铁）				
		摩铁：奥克尼察 乌(克)铁：索基里亚内	摩铁：奥普-阿塔基 利斯基 乌(克)铁：莫吉廖夫波多	摩铁：科尔巴斯纳 乌(克)铁：斯洛博德卡	摩铁：新萨维茨卡亚 乌(克)铁：库丘尔干	摩铁：朱尔朱列什季(加拉茨) 乌(克)铁：列尼 *
	口岸代码	22 1143 23	22 1140 23	22 1144 23	22 1146 23	22 1139 23
22 0960 51	乌(克)铁：亚戈金 波铁：多罗胡斯克	615	662	735	875	927
22 0961 51	乌(克)铁：伊佐夫 波铁：赫鲁别舒夫	585	683	756	896	948
22 0962 51	乌(克)铁：莫斯季斯卡Ⅱ 波铁：梅地卡	484	563	636	776	828
22 0964 51	乌(克)铁：拉瓦-鲁斯卡亚 波铁：维尔赫拉塔	473	552	625	765	817
22 0956 55	乌(克)铁：巴捷沃 匈铁：埃佩列什克	551	742	815	955	1 007
22 0955 55	乌(克)铁：乔普 匈铁：扎洪	560	751	824	964	1 016
22 0950 56	乌(克)铁：乔普 斯铁：切尔纳(蒂萨河畔)	562	753	826	966	1 018
22 0954 56	乌(克)铁：乌日哥罗德 斯铁：马捷夫采	587	761	834	974	1 026
22 0930 53	乌(克)铁：季亚科沃 罗铁：哈尔梅乌	630	821	894	1 034	—
22 0935 53	乌(克)铁：瓦杜尔西列特 罗铁：多尔涅什季	178	485	558	698	—

续上表

间的国境站									
乌克兰—波兰（乌[克]铁—波铁）				乌克兰—匈牙利（乌[克]铁—匈铁）		乌克兰—斯洛伐克（乌[克]铁—斯[股]铁）		乌克兰—罗马尼亚（乌[克]铁—罗铁）	
乌（克）铁：亚戈金 波铁：多罗胡斯克	乌（克）铁：伊佐夫 波铁：赫鲁别舒夫	乌（克）铁：莫斯季斯卡Ⅱ 波铁：梅地卡	乌（克）铁：拉瓦-鲁斯卡亚 波铁：维尔赫拉塔	乌（克）铁：巴捷沃 匈铁：埃佩列什克	乌（克）铁：乔普 匈铁：扎洪	乌（克）铁：乔普 斯铁：切尔纳（蒂萨河畔）	乌（克）铁：乌日哥罗德 斯铁：马捷夫采	乌（克）铁：季亚科沃 罗铁：哈尔梅乌	乌（克）铁：瓦杜尔西列特 罗铁：多尔涅什季
22 0960 51	22 0961 51	22 0962 51	22 0964 51	22 0956 55	22 0955 55	22 0950 56	22 0954 56	22 0930 53	22 0935 53
—	—	—	—	533	542	544	552	612	586
—	—	—	—	448	457	459	467	527	501
—	—	—	—	347	356	358	366	426	400
—	—	—	—	336	345	347	355	415	389
533	448	347	336	—	—	33	58	101	467
542	457	356	345	—	—	10	35	110	476
544	459	358	347	33	10	—	—	112	478
552	467	366	355	58	35	—	—	137	503
612	527	426	415	101	110	112	137	—	—
586	501	400	389	467	476	478	503	—	—

铁路编号和国境口岸代码	起讫港口站和国境站	下列铁路之			
		乌克兰—白俄罗斯(乌[克]铁—白铁)			
		白铁:马洛里托 乌(克)铁:扎博洛奇耶	白铁:戈雷尼 乌(克)铁:乌德里茨克	白铁:斯洛维奇诺 乌(克)铁:别列热斯季	白铁:捷留哈 乌(克)铁:戈尔诺斯塔耶夫卡
	口岸代码	22 1120 21	22 1121 21	22 1122 21	22 1123 21
22 2862	乌(克)铁:伊兹迈尔	1 209	1 149	1 207	1 221
22 2865	乌(克)铁:伊利伊切夫斯克	970	910	968	982
22 1181	乌(克)铁:伊利伊切夫斯克轮渡站	948	888	946	960
22 2866	乌(克)铁:敖德萨港	939	879	945	951
22 3750	乌(克)铁:尼古拉耶夫货站	1 065	1 005	877	798
22 2867	乌(克)铁:赫尔松港	1 119	1 059	931	852
22 3767	乌(克)铁:弗奥多西亚	1 567	1 507	1 379	1 222
22 3756	乌(克)铁:刻赤港	1 645	1 585	1 457	1 300
22 2784	乌(克)铁:别尔江斯克	1 382	1 322	1 216	1 059
22 2783	乌(克)铁:马里乌波利港	1 460	1 400	1 178	1 020
22 2861	乌(克)铁:列尼 *	925	865	872	937

续上表

间的国境站					
	乌克兰—俄罗斯(乌[克]铁—俄铁)				
白铁：捷列霍夫卡 乌(克)铁：霍洛比奇	俄铁：苏泽姆卡 乌(克)铁：泽尔诺沃	俄铁：克拉斯内胡托尔 乌(克)铁：卡扎奇亚洛帕尼	俄铁：索洛维伊 乌(克)铁：托波利	俄铁：古科沃 乌(克)铁：克拉斯纳亚莫吉拉	俄铁：乌斯片斯卡亚 乌(克)铁：克瓦希诺
22 1124 21	22 1102 20	22 1106 20	22 1108 20	22 1112 20	22 1114 20
1 286	1 295	1 101	1 219	1 368	1 277
1 047	1 056	862	980	1 129	1 038
1 025	1 034	840	958	1 107	1 016
1 016	1 025	809	927	1 076	985
863	872	679	764	784	693
917	926	693	754	800	683
1 229	1 188	757	842	862	771
1 307	1 266	835	920	940	849
1 066	1 025	594	617	534	443
945	904	497	413	356	239
1 002	1 011	930	1 048	1 197	1 106

铁路编号和国境口岸代码	起讫港口站和国境站	下列铁路之				
		乌克兰—摩尔多瓦（乌[铁]铁—摩铁）				
		摩铁：奥克尼察 乌(克)铁：索基里亚内	摩铁：奥普-阿塔基 乌(克)铁：莫吉廖夫波多利斯基	摩铁：科尔巴斯纳 乌(克)铁：斯洛博德卡	摩铁：新萨维茨卡亚 乌(克)铁：库丘尔干	摩铁：朱尔朱列什季(加拉茨) 乌(克)铁：列尼＊
	口岸代码	22 1143 23	22 1140 23	22 1144 23	22 1146 23	22 1139 23
22 2862	乌(克)铁:伊兹迈尔	976	779	506	374	426
22 2865	乌(克)铁:伊利伊切夫斯克	737	540	267	135	187
22 1181	乌(克)铁:伊利伊切夫斯克轮渡站	715	518	245	113	165
22 2866	乌(克)铁:敖德萨港	706	509	236	104	156
22 3750	乌(克)铁:尼古拉耶夫货站	926	729	456	324	376
22 2867	乌(克)铁:赫尔松港	980	783	510	378	430
22 3767	乌(克)铁:弗奥多西亚	1 556	1 359	1 120	679	731
22 3756	乌(克)铁:刻赤港	1 634	1 437	1 198	757	809
22 2784	乌(克)铁:别尔江斯克	1 371	1 196	935	1 023	1 075
22 2783	乌(克)铁:马里乌波利港	1 449	1 252	1 013	1 101	1 153
22 2861	乌(克)铁:列尼＊	692	495	222	58	—

＊:所列里程未考虑摩铁铁路长度。

续上表

间的国境站									
乌克兰—波兰 (乌[克]铁—波铁)				乌克兰—匈牙利 (乌[克]铁—匈铁)		乌克兰—斯洛伐克 (乌[克]铁—斯铁)		乌克兰—罗马尼亚 (乌[克]铁—罗铁)	
乌(克)铁：亚戈金 波铁：多罗胡斯克	乌(克)铁：伊佐夫 波铁：赫鲁别舒夫	乌(克)铁：莫斯季斯卡Ⅱ 波铁：梅地卡	乌(克)铁：拉瓦-鲁斯卡亚 波铁：维尔赫拉塔	乌(克)铁：巴捷沃 匈铁：埃佩列什克	乌(克)铁：乔普 匈铁：扎洪	乌(克)铁：乔普 斯铁：切尔纳(蒂萨河畔)	乌(克)铁：乌日戈罗德 斯(股)铁：马捷夫采	乌(克)铁：季亚科沃 罗铁：哈尔梅乌	乌(克)铁：瓦杜尔西列特 罗铁：多尔涅什季
22 0960 51	22 0961 51	22 0962 51	22 0964 51	22 0956 55	22 0955 55	22 0950 56	22 0954 56	22 0930 53	22 0935 53
1 211	1 232	1 112	1 101	1 291	1 300	1 302	1 310	1 370	1 034
972	993	873	862	1 052	1 061	1 063	1 071	1 131	795
950	971	851	840	1 030	1 039	1 041	1 049	1 109	773
941	962	844	835	1 021	1 030	1 032	1 040	1 100	764
1 067	1 088	1 064	1 055	1 241	1 250	1 252	1 260	1 320	984
1 121	1 142	1 118	1 109	1 295	1 304	1 306	1 314	1 374	1 038
1 569	1 590	1 639	1 628	1 818	1 827	1 829	1 837	1 897	1 614
1 647	1 668	1 717	1 706	1 896	1 905	1 907	1 915	1 975	1 692
1 384	1 405	1 454	1 443	1 633	1 642	1 644	1 652	1 712	1 451
1 462	1 483	1 532	1 521	1 711	1 720	1 722	1 730	1 790	1 521
927	948	828	817	1 007	1 016	1 018	1 026	1 086	750

乌(克)铁

铁路编号和国境口岸代码	办理管道业务的起讫国境站和车站	办理管道业务的车站					
		布罗德	卡加姆雷克斯卡亚	沃伦斯基新城1	新佐洛塔列夫卡	奥斯特罗格	赫尔松
		22	22	22	22	22	22
22 1120 21	乌(克)铁:扎博洛奇耶 白铁:马洛里托	314	934	348	1 380	233	1 111
22 1121 21	乌(克)铁:乌德里茨克 白铁:戈雷尼	254	874	288	1 320	173	1 051
22 1122 21	乌(克)铁:别列热斯季 白铁:斯洛维奇诺	408	584	170	951	285	923
22 1123 21	乌(克)铁:戈尔诺斯塔耶夫卡 白铁:捷留哈	770	473	526	793	647	844
22 1124 21	乌(克)铁:霍洛比奇 白铁:捷列霍夫卡	535	453	591	718	712	909
22 1102 20	乌(克)铁:泽尔诺沃 俄铁:苏泽姆卡	918	462	600	677	721	918
22 1106 20	乌(克)铁:卡扎奇亚洛帕尼 俄铁:克拉斯内胡托尔	1 035	321	791	270	912	685
22 1108 20	乌(克)铁:托波利 俄铁:索洛维伊	1 153	439	909	186	1 030	746
22 1112 20	乌(克)铁:克拉斯纳亚莫吉拉 俄铁:古科沃	1 394	703	1 173	250	1 271	792
22 1114 20	乌(克)铁:克瓦希诺 俄铁:乌斯片斯卡亚	1 303	641	1 111	188	1 180	675

续上表

铁路编号和国境口岸代码	办理管道业务的起讫国境站和车站	办理管道业务的车站					
		布罗德	卡加姆雷克斯卡亚	沃伦斯基新城1	新佐洛塔列夫卡	奥斯特罗格	赫尔松
		22	22	22	22	22	22
22 1143 23	乌(克)铁:索基里亚内 摩铁:奥克尼察	450	923	391	1 369	380	972
22 1140 23	乌(克)铁:莫吉廖夫-波多利斯基 摩铁:奥普-阿塔基	465	726	438	1 172	427	775
22 1144 23	乌(克)铁:斯洛博德卡 摩铁:科尔巴斯纳	538	487	511	933	500	502
22 1146 23	乌(克)铁:库丘尔干 摩铁:新萨维茨卡亚	678	575	681	1 021	640	370
22 1139 23	乌(克)铁:列尼 * 摩铁:朱尔朱列什季(加拉茨)	730	627	703	1 073	692	422
22 0960 51	乌(克)铁:亚戈金 波铁:多罗胡斯克	316	936	350	1 382	235	1 113
22 0961 51	乌(克)铁:伊佐夫 波铁:赫鲁别舒夫	259	957	371	1 403	256	1 134
22 0962 51	乌(克)铁:莫斯季斯卡Ⅱ 波铁:梅地卡	182	1 008	420	1 452	305	1 110
22 0964 51	乌(克)铁:拉瓦-鲁斯卡亚 波铁:维尔赫拉塔	171	999	409	1 441	294	1 101
22 0956 55	乌(克)铁:巴捷沃 匈铁:埃佩列什克	361	1 185	599	1 631	484	1 287
22 0955 55	乌(克)铁:乔普 匈铁:扎洪	370	1 194	608	1 640	493	1 296
22 0950 56	乌(克)铁:乔普 斯铁:切尔纳(蒂萨河畔)	372	1 196	610	1 642	495	1 298
22 0954 56	乌(克)铁:乌日哥罗德 斯铁:马捷夫采	380	1 204	618	1 650	503	1 306
22 0930 53	乌(克)铁:季亚科沃 罗铁:哈尔梅乌	440	1 264	678	1 710	563	1 366
22 0935 53	乌(克)铁:瓦杜尔西列特 罗铁:多尔涅什季	414	981	449	1 427	438	1 030

续上表

铁路编号和国境口岸代码	办理管道业务的起讫国境站和车站	办理管道业务的车站					
		布罗德	卡加姆雷克斯卡亚	沃伦斯基新城1	新佐洛塔列夫卡	奥斯特罗格	赫尔松
		22	22	22	22	22	22
22 0960 51	乌(克)铁:亚戈金 波铁:多罗胡斯克	316	936	350	1 382	235	1 113
22 0961 51	乌(克)铁:伊佐夫 波铁:赫鲁别舒夫	259	957	371	1 403	256	1 134
22 0962 51	乌(克)铁:莫斯季斯卡Ⅱ 波铁:梅地卡	182	1 008	420	1 452	305	1 110
22 0964 51	乌(克)铁:拉瓦-鲁斯卡亚 波铁:维尔赫拉塔	171	999	409	1 441	294	1 101
22 0956 55	乌(克)铁:巴捷沃 匈铁:埃佩列什克	361	1 185	599	1 631	484	1 287
22 0955 55	乌(克)铁:乔普 匈铁:扎洪	370	1 194	608	1 640	493	1 296
22 0950 56	乌(克)铁:乔普 斯铁:切尔纳(蒂萨河畔)	372	1 196	610	1 642	495	1 298
22 0954 56	乌(克)铁:乌日哥罗德 斯铁:马捷夫采	380	1 204	618	1 650	503	1 306
22 0930 53	乌(克)铁: 季亚科沃 罗铁:哈尔梅乌	440	1 264	678	1 710	563	1 366
22 0935 53	乌(克)铁:瓦杜尔西列特 罗铁:多尔涅什季	414	981	449	1 427	438	1 030

续上表

铁路编号和国境口岸代码	办理管道业务的起讫国境站和车站	办理管道业务的车站					
		布罗德	卡加姆雷克斯卡亚	沃伦斯基新城1	新佐洛塔列夫卡	奥斯特罗格	赫尔松
		22	22	22	22	22	22
22 2862	乌(克)铁:伊兹迈尔	1 014	798	987	1 244	976	570
22 2865	乌(克)铁:伊利伊切夫斯克	775	559	748	1 005	737	331
22 1181	乌(克)铁:伊利伊切夫斯克轮渡站	753	537	726	983	715	309
22 2866	乌(克)铁:敖德萨港	744	506	717	952	706	278
22 3750	乌(克)铁:尼古拉耶夫货站	955	343	843	660	832	64
22 2867	乌(克)铁:赫尔松港	1 009	397	897	650	886	8
22 3767	乌(克)铁:弗奥多西亚	1 457	769	1 345	738	1 334	309
22 3756	乌(克)铁:刻赤港	1 535	847	1 423	816	1 412	387
22 2784	乌(克)铁:别尔江斯克	1 272	606	1 182	481	1 171	533
22 2783	乌(克)铁:马里乌波利港	1 350	714	1 184	277	1 227	736
22 2861	乌(克)铁:列尼 *	726	623	699	1 069	688	418

* 所列里程未考虑摩铁铁路长度。

爱沙尼亚铁路过境里程表

（国境站之间的运价里程，是以国境线为起讫公里计算的）

爱　　铁

起讫国境站和港口站， 铁路编号和国境口岸代码		下列铁路之间的国境站		
		爱铁—俄铁		爱铁—拉铁之间
		爱铁:纳尔瓦 * 俄铁:伊万戈罗德-纳尔瓦	爱铁:科伊杜拉 * 俄铁:佩乔雷-普斯科夫	爱铁:瓦尔加 拉铁:卢加日
		26 1045 20	26 1046 20	26 1010 25
1	2	3	4	5
26 1045 20	爱铁:纳尔瓦 * 俄铁:伊万戈罗德-纳尔瓦	—	334	331
26 20	爱铁:科伊杜拉 * 俄铁:佩乔雷-普斯科夫	334	—	97
26 1010 20	爱铁:瓦尔加 拉铁:卢加日	331	97	
26	爱铁:帕尔季斯基	258	326	323
26	爱铁:尤列米斯捷	203	271	268
26	爱铁:穆加	221	289	286
26	爱铁:马尔杜	214	282	279
26	爱铁:拉克维列	106	228	225
26	爱铁:瓦依瓦拉	25	309	306

*:停止办理发送在爱沙尼亚共和国属于兽医监管来自非欧盟成员国的货物。

第11条 过境统一货价参加路慢运货物运费计算表

表1 零担货物运费费率

里程(公里)	每100公斤运费(单位:瑞士法郎)		里程(公里)
5～254	等级		5～254
	1	2	
5～14	0.08	0.05	5～14
15～24	0.14	0.08	15～24
25～34	0.21	0.12	25～34
35～44	0.27	0.14	35～44
45～54	0.35	0.18	45～54
55～64	0.41	0.21	55～64
65～74	0.48	0.26	65～74
75～84	0.54	0.27	75～84
85～94	0.62	0.32	85～94
95～104	0.68	0.33	95～104
105～114	0.80	0.38	105～114
115～124	0.86	0.41	115～124
125～134	0.93	0.45	125～134
135～144	0.99	0.50	135～144
145～154	1.07	0.53	145～154
155～164	1.13	0.54	155～164
165～174	1.20	0.59	165～174
175～184	1.26	0.62	175～184
185～194	1.34	0.66	185～194
195～204	1.40	0.68	195～204
205～214	1.47	0.72	205～214
215～224	1.53	0.80	215～224
225～234	1.61	0.81	225～234
235～244	1.67	0.86	235～244
245～254	1.74	0.89	245～254

续上表

里程(公里)	每100公斤运费(单位:瑞士法郎)		里程(公里)
255～554	等　级		255～554
	1	2	
255～264	1.80	0.93	255～264
265～274	1.88	0.95	265～274
275～284	1.94	0.99	275～284
285～294	2.01	1.02	285～294
295～304	2.07	1.07	295～304
305～314	2.15	1.08	305～314
315～324	2.24	1.13	315～324
325～334	2.30	1.16	325～334
335～344	2.37	1.20	335～344
345～354	2.43	1.22	345～354
355～364	2.51	1.26	355～364
365～374	2.57	1.29	365～374
375～384	2.64	1.34	375～384
385～394	2.70	1.35	385～394
395～404	2.78	1.40	395～404
405～414	2.84	1.43	405～414
415～424	2.91	1.47	415～424
425～434	2.97	1.49	425～434
435～444	3.05	1.53	435～444
445～454	3.11	1.56	445～454
455～464	3.18	1.61	455～464
465～474	3.24	1.62	465～474
475～484	3.32	1.67	475～484
485～494	3.38	1.70	485～494
495～504	3.45	1.73	495～504
505～514	3.51	1.76	505～514
515～524	3.59	1.80	515～524
525～534	3.69	1.83	525～534
535～544	3.77	1.88	535～544
545～554	3.83	1.89	545～554

续上表

里程(公里)	每100公斤运费(单位:瑞士法郎)		里程(公里)
555～854	等级		555～854
	1	2	
555～564	3.90	1.94	555～564
565～574	3.96	1.97	565～574
575～584	4.04	2.01	575～584
585～594	4.10	2.03	585～594
595～604	4.17	2.07	595～604
605～614	4.23	2.10	605～614
615～624	4.31	2.15	615～624
625～634	4.37	2.16	625～634
635～644	4.44	2.24	635～644
645～654	4.50	2.28	645～654
655～664	4.53	2.30	655～664
665～674	4.64	2.34	665～674
675～684	4.71	2.37	675～684
685～694	4.77	2.42	685～694
695～704	4.85	2.43	695～704
705～714	4.91	2.48	705～714
715～724	5.00	2.51	715～724
725～734	5.04	2.55	725～734
735～744	5.13	2.57	735～744
745～754	5.21	2.61	745～754
755～764	5.27	2.64	755～764
765～774	5.34	2.69	765～774
775～784	5.40	2.70	775～784
785～794	5.48	2.75	785～794
795～804	5.54	2.78	795～804
805～814	5.61	2.82	805～814
815～824	5.67	2.84	815～824
825～834	5.75	2.88	825～834
835～844	5.81	2.91	835～844
845～854	5.88	2.96	845～854

续上表

里程(公里)	每100公斤运费(单位:瑞士法郎)		里程(公里)
855～1 149	等　　级		855～1 149
	1	2	
855～864	5.94	2.97	855～864
865～874	6.02	3.02	865～874
875～884	6.08	3.05	875～884
885～894	6.15	3.09	885～894
895～904	6.24	3.11	895～904
905～914	6.29	3.15	905～914
915～924	6.35	3.18	915～924
925～934	6.42	3.23	925～934
935～944	6.48	3.24	935～944
945～954	6.60	3.29	945～954
955～964	6.66	3.32	955～964
965～974	6.74	3.36	965～974
975～984	6.80	3.38	975～984
985～994	6.87	3.42	985～994
995～1 004	6.93	3.45	995～1 004
1 005～1 014	7.01	3.50	1 005～1 014
1 015～1 024	7.07	3.51	1 015～1 024
1 025～1 034	7.14	3.56	1 025～1 034
1 035～1 044	7.20	3.59	1 035～1 044
1 045～1 054	7.28	3.63	1 045～1 054
1 055～1 064	7.34	3.69	1 055～1 064
1 065～1 074	7.41	3.72	1 065～1 074
1 075～1 084	7.47	3.77	1 075～1 084
1 085～1 094	7.55	3.78	1 085～1 094
1 095～1 104	7.61	3.83	1 095～1 104
1 105～1 114	7.68	3.86	1 105～1 114
1 115～1 124	7.74	3.90	1 115～1 124
1 125～1 134	7.82	3.92	1 125～1 134
1 135～1 149	7.92	3.96	1 135～1 149

续上表

里程(公里)	每100公斤运费(单位:瑞士法郎)		里程(公里)
1 150～4 049	等级		1 150～4 049
	1	2	
1 150～1 249	8.31	4.17	1 150～1 249
1 250～1 349	8.99	4.50	1 250～1 349
1 350～1 449	9.71	4.85	1 350～1 449
1 450～1 549	10.38	5.21	1 450～1 549
1 550～1 649	11.07	5.54	1 550～1 649
1 650～1 749	11.75	5.88	1 650～1 749
1 750～1 849	12.47	6.21	1 750～1 849
1 850～1 949	13.14	6.60	1 850～1 949
1 950～2 049	13.85	6.93	1 950～2 049
2 050～2 149	14.52	7.28	2 050～2 149
2 150～2 249	15.20	7.61	2 150～2 249
2 250～2 349	15.92	7.95	2 250～2 349
2 350～2 449	16.59	8.31	2 350～2 449
2 450～2 549	17.28	8.64	2 450～2 549
2 550～2 649	17.96	8.99	2 550～2 649
2 650～2 749	18.68	9.32	2 650～2 749
2 750～2 849	19.35	9.71	2 750～2 849
2 850～2 949	20.06	10.04	2 850～2 949
2 950～3 049	20.73	10.38	2 950～3 049
3 050～3 149	21.45	10.71	3 050～3 149
3 150～3 249	22.13	11.07	3 150～3 249
3 250～3 349	22.82	11.42	3 250～3 349
3 350～3 449	23.49	11.75	3 350～3 449
3 450～3 549	24.21	12.09	3 450～3 549
3 550～3 649	24.89	12.47	3 550～3 649
3 650～3 749	25.59	12.81	3 650～3 749
3 750～3 849	26.27	13.14	3 750～3 849
3 850～3 949	26.99	13.49	3 850～3 949
3 950～4 049	27.66	13.85	3 950～4 049

续上表

里程(公里)	每100公斤运费(单位:瑞士法郎)		里程(公里)
4 050～8 000	等　　级		4 050～8 000
	1	2	
4 050～4 149	28.34	14.18	4 050～4 149
4 150～4 249	29.03	14.52	4 150～4 249
4 250～4 349	29.70	14.85	4 250～4 349
4 350～4 449	30.42	15.20	4 350～4 449
4 450～4 549	31.10	15.57	4 450～4 549
4 550～4 649	31.80	15.92	4 550～4 649
4 650～4 749	32.48	16.25	4 650～4 749
4 750～4 849	33.20	16.59	4 750～4 849
4 850～4 949	33.87	16.95	4 850～4 949
4 950～5 049	34.56	17.28	4 950～5 049
5 050～5 149	35.24	17.63	5 050～5 149
5 150～5 249	35.96	17.96	5 150～5 249
5 250～5 349	36.63	18.35	5 250～5 349
5 350～5 449	37.34	18.68	5 350～5 449
5 450～5 549	38.01	19.02	5 450～5 549
5 550～5 649	38.73	19.35	5 550～5 649
5 650～5 749	39.41	19.71	5 650～5 749
5 750～5 849	40.10	20.06	5 750～5 849
5 850～5 949	40.77	20.39	5 850～5 949
5 950～6 049	41.49	20.73	5 950～6 049
6 050～6 200	42.33	21.18	6 050～6 200
6 201～6 400	43.55	21.78	6 201～6 400
6 401～6 600	44.94	22.46	6 401～6 600
6 601～6 800	46.31	23.16	6 601～6 800
6 801～7 000	47.70	23.84	6 801～7 000
7 001～7 200	49.08	24.56	7 001～7 200
7 201～7 400	50.48	25.23	7 201～7 400
7 401～7 600	51.84	25.92	7 401～7 600
7 601～7 800	53.24	26.60	7 601～7 800
7 801～8 000	54.62	27.32	7 801～8 000

续上表

里程(公里)	每100公斤运费(单位:瑞士法郎)		里程(公里)
8 001～12 000	等　　级		8 001～12 000
	1	2	
8 001～8 200	55.97	27.99	8 001～8 200
8 201～8 400	57.36	28.70	8 201～8 400
8 401～8 600	58.73	29.37	8 401～8 600
8 601～8 800	60.12	30.09	8 601～8 800
8 801～9 000	61.50	30.77	8 801～9 000
9 001～9 200	62.90	31.46	9 001～9 200
9 201～9 400	64.26	32.13	9 201～9 400
9 401～9 600	65.66	32.85	9 401～9 600
9 601～9 800	67.04	33.53	9 601～9 800
9 801～10 000	68.43	34.23	9 801～10 000
10 001～10 200	69.80	34.91	10 001～10 200
10 201～10 400	71.19	35.63	10 201～10 400
10 401～10 600	72.57	36.30	10 401～10 600
10 601～10 800	73.97	36.98	10 601～10 800
10 801～11 000	75.23	37.67	10 801～11 000
11 001～11 200	76.73	38.34	11 001～11 200
11 201～11 400	78.11	39.06	11 201～11 400
11 401～11 600	79.50	39.74	11 401～11 600
11 601～11 800	80.87	40.44	11 601～11 800
11 801～12 000	82.26	41.12	11 801～12 000

表2　整车货物运价费率

里程(公里)	每吨运费（单位:瑞士法郎）		每轴运费（单位:瑞士法郎）	里程(公里)
	等　级			
5～304	1	2	3	5～304
5～14	0.50	0.30	0.50	5～14
15～24	0.90	0.50	0.99	15～24
25～34	1.40	0.80	1.49	25～34
35～44	1.80	0.90	1.98	35～44
45～54	2.30	1.20	2.48	45～54
55～64	2.70	1.40	2.97	55～64
65～74	3.20	1.70	3.47	65～74
75～84	3.60	1.80	3.96	75～84
85～94	4.10	2.10	4.44	85～94
95～104	4.50	2.20	4.94	95～104
105～114	5.30	2.50	5.43	105～114
115～124	5.70	2.70	5.93	115～124
125～134	6.20	3.00	6.42	125～134
135～144	6.60	3.30	6.92	135～144
145～154	7.10	3.50	7.41	145～154
155～164	7.50	3.60	7.91	155～164
165～174	8.00	3.90	8.40	165～174
175～184	8.40	4.10	8.90	175～184
185～194	8.90	4.40	9.39	185～194
195～204	9.30	4.50	9.89	195～204
205～214	9.80	4.80	10.38	205～214
215～224	10.20	5.30	10.88	215～224
225～234	10.70	5.40	11.37	225～234
235～244	11.10	5.70	11.87	235～244
245～254	11.60	5.90	12.33	245～254
255～264	12.00	6.20	12.83	255～264
265～274	12.50	6.30	13.32	265～274
275～284	12.90	6.60	13.82	275～284
285～294	13.40	6.80	14.37	285～294
295～304	13.80	7.10	14.81	295～304

续上表

里程(公里)	每吨运费(单位:瑞士法郎)		每轴运费(单位:瑞士法郎)	里程(公里)
	等级			
305～604	1	2	3	305～604
305～314	14.30	7.20	15.30	305～314
315～324	14.90	7.50	15.80	315～324
325～334	15.30	7.70	16.29	325～334
335～344	15.80	8.00	16.79	335～344
345～354	16.20	8.10	17.28	345～354
355～364	16.70	8.40	17.78	355～364
365～374	17.10	8.60	18.27	365～374
375～384	17.60	8.90	18.77	375～384
385～394	18.00	9.00	19.26	385～394
395～404	18.50	9.30	19.76	395～404
405～414	18.90	9.50	20.24	405～414
415～424	19.40	9.80	20.73	415～424
425～434	19.80	9.90	21.23	425～434
435～444	20.30	10.20	21.72	435～444
445～454	20.70	10.40	22.23	445～454
455～464	21.20	10.70	22.71	455～464
465～474	21.60	10.80	23.21	465～474
475～484	22.10	11.10	23.70	475～484
485～494	22.50	11.30	24.20	485～494
495～504	23.00	11.50	24.69	495～504
505～514	23.40	11.70	25.19	505～514
515～524	23.90	12.00	25.68	515～524
525～534	24.60	12.20	26.18	525～534
535～544	25.10	12.50	26.67	535～544
545～554	25.50	12.60	27.17	545～554
555～564	26.00	12.90	27.66	555～564
565～574	26.40	13.10	28.13	565～574
575～584	26.90	13.40	28.62	575～584
585～594	27.30	13.50	29.12	585～594
595～604	27.80	13.80	29.61	595～604

续上表

里程(公里)	每吨运费（单位:瑞士法郎）		每轴运费（单位:瑞士法郎）	里程(公里)
	等级			
605～904	1	2	3	605～904
605～614	28.20	14.00	30.11	605～614
615～624	28.70	14.30	30.60	615～624
625～634	29.10	14.40	31.10	625～634
635～644	29.60	14.90	31.59	635～644
645～654	30.00	15.20	32.09	645～654
655～664	30.20	15.30	32.58	655～664
665～674	30.90	15.60	33.08	665～674
675～684	31.40	15.80	33.57	675～684
685～694	31.80	16.10	34.07	685～694
695～704	32.30	16.20	34.56	695～704
705～714	32.70	16.50	35.06	705～714
715～724	33.30	16.70	35.55	715～724
725～734	33.60	17.00	36.03	725～734
735～744	34.20	17.10	36.53	735～744
745～754	34.70	17.40	37.02	745～754
755～764	35.10	17.60	37.52	755～764
765～774	35.60	17.90	38.01	765～774
775～784	36.00	18.00	38.51	775～784
785～794	36.50	18.30	39.00	785～794
795～804	36.90	18.50	39.50	795～804
805～814	37.40	18.80	39.99	805～814
815～824	37.80	18.90	40.49	815～824
825～834	38.30	19.20	40.98	825～834
835～844	38.70	19.40	41.48	835～844
845～854	39.20	19.70	41.97	845～854
855～864	39.60	19.80	42.47	855～864
865～874	40.10	20.10	42.96	865～874
875～884	40.50	20.30	43.46	875～884
885～894	41.00	20.60	43.92	885～894
895～904	41.60	20.70	44.42	895～904

续上表

里程(公里)	每吨运费 (单位:瑞士法郎)		每轴运费 (单位:瑞士法郎)	里程(公里)
	等级			
905~2 049	1	2	3	905~2 049
905~914	41.90	21.00	44.91	905~914
915~924	42.30	21.20	45.41	915~924
925~934	42.80	21.50	45.90	925~934
935~944	43.20	21.60	46.40	935~944
945~954	44.00	21.90	46.89	945~954
955~964	44.40	22.10	47.39	955~964
965~974	44.90	22.40	47.88	965~974
975~984	45.30	22.50	48.38	975~984
985~994	45.80	22.80	48.87	985~994
995~1 004	46.20	23.00	49.37	995~1 004
1 005~1 014	46.70	23.30	49.86	1 005~1 014
1 015~1 024	47.10	23.40	50.36	1 015~1 024
1 025~1 034	47.60	23.70	50.85	1 025~1 034
1 035~1 044	48.00	23.90	51.35	1 035~1 044
1 045~1 054	48.50	24.20	51.83	1045~1 054
1 055~1 064	48.90	24.60	52.32	1 055~1 064
1 065~1 074	49.40	24.80	52.82	1 065~1 074
1 075~1 084	49.80	25.10	53.31	1 075~1 084
1 085~1 094	50.30	25.20	53.81	1 085~1 094
1 095~1 104	50.70	25.50	54.30	1 095~1 104
1 105~1 114	51.20	25.70	54.80	1 105~1 114
1 115~1 124	51.60	26.00	55.29	1 115~1 124
1 125~1 134	52.10	26.10	55.79	1 125~1 134
1 135~1 149	52.80	26.40	56.39	1 135~1 149
1 150~1 249	55.40	27.80	59.25	1 150~1 249
1 250~1 349	59.90	30.00	64.17	1 250~1 349
1 350~1 449	64.70	32.30	69.11	1 350~1 449
1 450~1 549	69.20	34.70	74.06	1 450~1 549
1 550~1 649	73.80	36.90	78.98	1 550~1 649
1 650~1 749	78.30	39.20	83.91	1 650~1 749
1 750~1 849	83.10	41.40	88.86	1 750~1 849
1 850~1 949	87.60	44.00	93.78	1 850~1 949
1 950~2 049	92.30	46.20	98.72	1 950~2 049

续上表

里程(公里)	每吨运费 (单位:瑞士法郎)		每轴运费 (单位:瑞士法郎)	里程(公里)
	等　　级			
2 050～5 049	1	2	3	2 050～5 049
2 050～2 149	96.80	48.50	103.67	2 050～2 149
2 150～2 249	101.30	50.70	108.59	2 150～2 249
2 250～2 349	106.10	53.00	113.54	2 250～2 349
2 350～2 449	110.60	55.40	118.47	2 350～2 449
2 450～2 549	115.20	57.60	123.42	2 450～2 549
2 550～2 649	119.70	59.90	128.34	2 550～2 649
2 650～2 749	124.50	62.10	133.28	2 650～2 749
2 750～2 849	129.00	64.70	138.23	2 750～2 849
2 850～2 949	133.70	66.90	143.15	2 850～2 949
2 950～3 049	138.20	69.20	148.08	2 950～3 049
3 050～3 149	143.00	71.40	153.03	3 050～3 149
3 150～3 249	147.50	73.80	157.95	3 150～3 249
3 250～3 349	152.10	76.10	162.90	3 250～3 349
3 350～3 449	156.60	78.30	167.84	3 350～3 449
3 450～3 549	161.40	80.60	172.76	3 450～3 549
3 550～3 649	165.90	83.10	177.71	3 550～3 649
3 650～3 749	170.60	85.40	182.64	3 650～3 749
3 750～3 849	175.10	87.60	187.56	3 750～3 849
3 850～3 949	179.90	89.90	192.51	3 850～3 949
3 950～4 049	184.40	92.30	197.45	3 950～4 049
4 050～4 149	188.90	94.50	202.40	4 050～4 149
4 150～4 249	193.50	96.80	207.32	4 150～4 249
4 250～4 349	198.00	99.00	212.25	4 250～4 349
4 350～4 449	202.80	101.30	217.20	4 350～4 449
4 450～4 549	207.30	103.80	222.12	4 450～4 549
4 550～4 649	212.00	106.10	227.06	4 550～4 649
4 650～4 749	216.50	108.30	232.01	4 650～4 749
4 750～4 849	221.30	110.60	236.93	4 750～4 849
4 850～4 949	225.80	113.00	241.88	4 850～4 949
4 950～5 049	230.40	115.20	246.81	4 950～5 049

续上表

里程(公里)	每吨运费 (单位:瑞士法郎)		每轴运费 (单位:瑞士法郎)	里程(公里)
	等级			
5 050～10 000	1	2	3	5 050～10 000
5 050～5 149	234.90	117.50	251.73	5 050～5 149
5 150～5 249	239.70	119.70	256.68	5 150～5 249
5 250～5 349	244.20	122.30	261.62	5 250～5 349
5 350～5 449	248.90	124.50	266.57	5 350～5 449
5 450～5 549	253.40	126.80	271.49	5 450～5 549
5 550～5 649	258.20	129.00	276.42	5 550～5 649
5 650～5 749	262.70	131.40	281.37	5 650～5 749
5 750～5 849	267.30	133.70	286.29	5 750～5 849
5 850～5 949	271.80	135.90	291.23	5 850～5 949
5 950～6 049	276.60	138.20	296.18	5 950～6 049
6 050～6 200	282.20	141.20	302.34	6 050～6 200
6 201～6 400	290.30	145.20	310.98	6 201～6 400
6 401～6 600	299.60	149.70	320.85	6 401～6 600
6 601～6 800	308.70	154.40	330.71	6 601～6 800
6 801～7 000	318.00	158.90	340.59	6 801～7 000
7 001～7 200	327.20	163.70	350.46	7 001～7 200
7 201～7 400	336.50	168.20	360.35	7 201～7 400
7 401～7 600	345.60	172.80	370.22	7 401～7 600
7 601～7 800	354.90	177.30	380.07	7 601～7 800
7 801～8 000	364.10	182.10	389.96	7 801～8 000
8 001～8 200	373.10	186.60	399.83	8 001～8 200
8 201～8 400	382.40	191.30	409.71	8 201～8 400
8 401～8 600	391.50	195.80	419.57	8 401～8 600
8 601～8 800	400.80	200.60	429.44	8 601～8 800
8 801～9 000	410.00	205.10	439.32	8 801～9 000
9 001～9 200	419.30	209.70	449.19	9 001～9 200
9 201～9 400	428.40	214.20	459.05	9 201～9 400
9 401～9 600	437.70	219.00	468.93	9 401～9 600
9 601～9 800	446.90	223.50	478.80	9 601～9 800
9 801～10 000	456.20	228.20	488.69	9 801～10 000

续上表

里程(公里)	每吨运费 (单位:瑞士法郎)		每轴运费 (单位:瑞士法郎)	里程(公里)
	等　　级			
10 001～12 000	1	2	3	10 001～12 000
10 001～10 200	465.30	232.70	498.54	10 001～10 200
10 201～10 400	474.60	237.50	508.41	10 201～10 400
10 401～10 600	483.80	242.00	518.30	10 401～10 600
10 601～10 800	493.10	246.50	528.17	10 601～10 800
10 801～11 000	502.20	251.10	538.02	10 801～11 000
11 001～11 200	511.50	255.60	547.91	11 001～11 200
11 201～11 400	520.70	260.40	557.78	11 201～11 400
11 401～11 600	530.00	264.90	567.66	11 401～11 600
11 601～11 800	539.10	269.60	577.52	11 601～11 800
11 801～12 000	548.40	274.10	587.39	11 801～12 000

表 3　过境统一货价参加路慢运通用大吨位集装箱运费计算表

里程(公里)	重箱				空箱			
	箱型				箱型			
	10英尺	20英尺	30英尺	40英尺	10英尺	20英尺	30英尺	40英尺
	瑞士法郎/箱	瑞士法郎/箱	瑞士法郎/箱	瑞士法郎/箱	瑞士法郎/箱	瑞士法郎/箱	瑞士法郎/箱	瑞士法郎/箱
5～14	4	8	12	16	2	4	6	8
15～24	7	14	21	28	4	7	11	14
25～34	11	21	32	42	5	11	16	21
35～44	14	27	41	54	7	14	20	27
45～54	18	35	53	70	9	18	26	35
55～64	21	41	62	82	10	21	31	41
65～74	24	48	72	96	12	24	36	48
75～84	27	54	81	108	14	27	41	54
85～94	31	62	93	124	16	31	47	62
95～104	34	68	102	136	17	34	51	68
105～114	40	80	120	160	20	40	60	80
115～124	43	86	129	172	22	43	65	86
125～134	47	93	140	186	23	47	70	93
135～144	50	99	149	198	25	50	74	99
145～154	54	107	161	214	27	54	80	107
155～164	57	113	170	226	28	57	85	113
165～174	60	120	180	240	30	60	90	120
175～184	63	126	189	252	32	63	95	126
185～194	67	134	201	268	34	67	101	134
195～204	70	140	210	280	35	70	105	140
205～214	74	147	221	294	37	74	110	147
215～224	77	153	230	306	38	77	115	153
225～234	81	161	242	322	40	81	121	161
235～244	84	167	251	334	42	84	125	167
245～254	87	174	261	348	44	87	131	174

续上表

里程(公里)	重箱				空箱			
	箱型				箱型			
	10英尺	20英尺	30英尺	40英尺	10英尺	20英尺	30英尺	40英尺
	瑞士法郎/箱	瑞士法郎/箱	瑞士法郎/箱	瑞士法郎/箱	瑞士法郎/箱	瑞士法郎/箱	瑞士法郎/箱	瑞士法郎/箱
255～264	90	180	270	360	45	90	135	180
265～274	94	188	282	376	47	94	141	188
275～284	97	194	291	388	49	97	146	194
285～294	101	201	302	402	50	101	151	201
295～304	104	207	311	414	52	104	155	207
305～314	108	215	323	430	54	108	161	215
315～324	112	224	336	448	56	112	168	224
325～334	115	230	345	460	58	115	173	230
335～344	119	237	356	474	59	119	178	237
345～354	122	243	365	486	61	122	182	243
355～364	126	251	377	502	63	126	188	251
365～374	129	257	386	514	64	129	193	257
375～384	132	264	396	528	66	132	198	264
385～394	135	270	405	540	68	135	203	270
395～404	139	278	417	556	70	139	209	278
405～414	142	284	426	568	71	142	213	284
415～424	146	291	437	582	73	146	218	291
425～434	149	297	446	594	74	149	223	297
435～444	153	305	458	610	76	153	229	305
445～454	156	311	467	622	78	156	233	311
455～464	159	318	477	636	80	159	239	318
465～474	162	324	486	648	81	162	243	324
475～484	166	332	498	664	83	166	249	332
485～494	169	338	507	676	85	169	254	338
495～504	173	345	518	690	86	173	259	345

续上表

里程(公里)	重箱				空箱			
	箱型				箱型			
	10英尺	20英尺	30英尺	40英尺	10英尺	20英尺	30英尺	40英尺
	瑞士法郎/箱	瑞士法郎/箱	瑞士法郎/箱	瑞士法郎/箱	瑞士法郎/箱	瑞士法郎/箱	瑞士法郎/箱	瑞士法郎/箱
505～514	176	351	527	702	88	176	263	351
515～524	180	359	539	718	90	180	269	359
525～534	185	369	554	738	92	185	277	369
535～544	189	377	566	754	94	189	283	377
545～554	192	383	575	766	96	192	287	383
555～564	195	390	585	780	98	195	293	390
565～574	198	396	594	792	99	198	297	396
575～584	202	404	606	808	101	202	303	404
585～594	205	410	615	820	103	205	308	410
595～604	209	417	626	834	104	209	313	417
605～614	212	423	635	846	106	212	317	423
615～624	216	431	647	862	108	216	323	431
625～634	219	437	656	874	109	219	328	437
635～644	222	444	666	888	111	222	333	444
645～654	225	450	675	900	113	225	338	450
655～664	227	453	680	906	113	227	340	453
665～674	232	464	696	928	116	232	348	464
675～684	236	471	707	942	118	236	353	471
685～694	239	477	716	954	119	239	358	477
695～704	243	485	728	970	121	243	364	485
705～714	246	491	737	982	123	246	368	491
715～724	250	500	750	1 000	125	250	375	500
725～734	252	504	756	1 008	126	252	378	504
735～744	257	513	770	1 026	128	257	385	513
745～754	261	521	782	1 042	130	261	391	521

续上表

里程(公里)	重箱				空箱			
	箱型				箱型			
	10英尺	20英尺	30英尺	40英尺	10英尺	20英尺	30英尺	40英尺
	瑞士法郎/箱	瑞士法郎/箱	瑞士法郎/箱	瑞士法郎/箱	瑞士法郎/箱	瑞士法郎/箱	瑞士法郎/箱	瑞士法郎/箱
755～764	264	527	791	1 054	132	264	395	527
765～774	267	534	801	1 068	134	267	401	534
775～784	270	540	810	1 080	135	270	405	540
785～794	274	548	822	1 096	137	274	411	548
795～804	277	554	831	1 108	139	277	416	554
805～814	281	561	842	1 122	140	281	421	561
815～824	284	567	851	1 134	142	284	425	567
825～834	288	575	863	1 150	144	288	431	575
835～844	291	581	872	1 162	145	291	436	581
845～854	294	588	882	1 176	147	294	441	588
855～864	297	594	891	1 188	149	297	446	594
865～874	301	602	903	1 204	151	301	452	602
875～884	304	608	912	1 216	152	304	456	608
885～894	308	615	923	1 230	154	308	461	615
895～904	312	624	936	1 248	156	312	468	624
905～914	315	629	944	1 258	157	315	472	629
915～924	318	635	953	1 270	159	318	476	635
925～934	321	642	963	1 284	161	321	482	642
935～944	324	648	972	1 296	162	324	486	648
945～954	330	660	990	1 320	165	330	495	660
955～964	333	666	999	1 332	167	333	500	666
965～974	337	674	1 011	1 348	169	337	506	674
975～984	340	680	1 020	1 360	170	340	510	680
985～994	344	687	1 031	1 374	172	344	515	687
995～1 004	347	693	1 040	1 386	173	347	520	693

续上表

里程(公里)	重箱				空箱			
	箱型				箱型			
	10英尺	20英尺	30英尺	40英尺	10英尺	20英尺	30英尺	40英尺
	瑞士法郎/箱	瑞士法郎/箱	瑞士法郎/箱	瑞士法郎/箱	瑞士法郎/箱	瑞士法郎/箱	瑞士法郎/箱	瑞士法郎/箱
1 005～1 014	351	701	1 052	1 402	175	351	526	701
1 015～1 024	354	707	1 061	1 414	177	354	530	707
1 025～1 034	357	714	1 071	1 428	179	357	536	714
1 035～1 044	360	720	1 080	1 440	180	360	540	720
1 045～1 054	364	728	1 092	1 456	182	364	546	728
1 055～1 064	367	734	1 101	1 468	184	367	551	734
1 065～1 074	371	741	1 112	1 482	185	371	556	741
1 075～1 084	374	747	1 121	1 494	187	374	560	747
1 085～1 094	378	755	1 133	1 510	189	378	566	755
1 095～1 104	381	761	1 142	1 522	190	381	571	761
1 105～1 114	384	768	1 152	1 536	192	384	576	768
1 115～1 124	387	774	1 161	1 548	194	387	581	774
1 125～1 134	391	782	1 173	1 564	196	391	587	782
1 135～1 149	396	792	1 188	1 584	198	396	594	792
1 150～1 249	416	831	1 247	1 662	208	416	623	831
1 250～1 349	450	899	1 349	1 798	225	450	674	899
1 350～1 449	486	971	1 457	1 942	243	486	728	971
1 450～1 549	519	1 038	1 557	2 076	260	519	779	1 038
1 550～1 649	554	1 107	1 661	2 214	277	554	830	1 107
1 650～1 749	588	1 175	1 763	2 350	294	588	881	1 175
1 750～1 849	624	1 247	1 871	2 494	312	624	935	1 247
1 850～1 949	657	1 314	1 971	2 628	329	657	986	1 314
1 950～2 049	693	1 385	2 078	2 770	346	693	1 039	1 385
2 050～2149	726	1 452	2 178	2 904	363	726	1 089	1 452
2 150～2 249	760	1 520	2 280	3 040	380	760	1 140	1 520

续上表

里程(公里)	重箱				空箱			
	箱型				箱型			
	10英尺	20英尺	30英尺	40英尺	10英尺	20英尺	30英尺	40英尺
	瑞士法郎/箱	瑞士法郎/箱	瑞士法郎/箱	瑞士法郎/箱	瑞士法郎/箱	瑞士法郎/箱	瑞士法郎/箱	瑞士法郎/箱
2 250～2 349	796	1 592	2 388	3 184	398	796	1 194	1 592
2 350～2 449	830	1 659	2 489	3 318	415	830	1 244	1 659
2 450～2 549	864	1 728	2 592	3 456	432	864	1 296	1 728
2 550～2 649	898	1 796	2 694	3 592	449	898	1 347	1 796
2 650～2 749	934	1 868	2 802	3 736	467	934	1 401	1 868
2 750～2 849	968	1 935	2 903	3 870	484	968	1 451	1 935
2 850～2 949	1 003	2 006	3 009	4 012	502	1 003	1 505	2 006
2 950～3 049	1 037	2 073	3 110	4 146	518	1 037	1 555	2 073
3 050～3 149	1 073	2 145	3 218	4 290	536	1 073	1 609	2 145
3 150～3 249	1 107	2 213	3 320	4 426	553	1 107	1 660	2 213
3 250～3 349	1 141	2 282	3 423	4 564	571	1 141	1 712	2 282
3 350～3 449	1 175	2 349	3 524	4 698	587	1 175	1 762	2 349
3 450～3 549	1 211	2 421	3 632	4 842	605	1 211	1 816	2 421
3 550～3 649	1 245	2 489	3 734	4 978	622	1 245	1 867	2 489
3 650～3 749	1 280	2 559	3 839	5 118	640	1 280	1 919	2 559
3 750～3 849	1 314	2 627	3 941	5 254	657	1 314	1 970	2 627
3 850～3 949	1 350	2 699	4 049	5 398	675	1 350	2 024	2 699
3 950～4 049	1 383	2 766	4 149	5 532	692	1 383	2 075	2 766
4 050～4 149	1 417	2 834	4 251	5 668	709	1 417	2 126	2 834
4 150～4 249	1 452	2 903	4 355	5 806	726	1 452	2 177	2 903
4 250～4 349	1 485	2 970	4 455	5 940	743	1 485	2 228	2 970
4 350～4 449	1 521	3 042	4 563	6 084	761	1 521	2 282	3 042
4 450～4 549	1 555	3 110	4 665	6 220	778	1 555	2 333	3 110
4 550～4 649	1 590	3 180	4 770	6 360	795	1 590	2 385	3 180
4 650～4 749	1 624	3 248	4 872	6 496	812	1 624	2 436	3 248

续上表

里程(公里)	重箱				空箱			
	箱型				箱型			
	10英尺	20英尺	30英尺	40英尺	10英尺	20英尺	30英尺	40英尺
	瑞士法郎/箱	瑞士法郎/箱	瑞士法郎/箱	瑞士法郎/箱	瑞士法郎/箱	瑞士法郎/箱	瑞士法郎/箱	瑞士法郎/箱
4 750～4 849	1 660	3 320	4 980	6 640	830	1 660	2 490	3 320
4 850～4 949	1 694	3 387	5 081	6 774	847	1 694	2 540	3 387
4 950～5 049	1 728	3 456	5 184	6 912	864	1 728	2 592	3 456
5 050～5 149	1 762	3 524	5 286	7 048	881	1 762	2 643	3 524
5 150～5 249	1 798	3 596	5 394	7 192	899	1 798	2 697	3 596
5 250～5 349	1 832	3 663	5 495	7 326	916	1 832	2 747	3 663
5 350～5 449	1 867	3 734	5 601	7 468	934	1 867	2 801	3 734
5 450～5 549	1 901	3 801	5 702	7 602	950	1 901	2 851	3 801
5 550～5 649	1 937	3 873	5 810	7 746	968	1 937	2 905	3 873
5 650～5 749	1 971	3 941	5 912	7 882	985	1 971	2 956	3 941
5 750～5 849	2 005	4 010	6 015	8 020	1 003	2 005	3 008	4 010
5 850～5 949	2 039	4 077	6 116	8 154	1 019	2 039	3 058	4 077
5 950～6 049	2 075	4 149	6 224	8 298	1 037	2 075	3 112	4 149
6 050～6 200	2 117	4 233	6 350	8 466	1 058	2 117	3 175	4 233
6 201～6 400	2 178	4 355	6 533	8 710	1 089	2 178	3 266	4 355
6 401～6 600	2 247	4 494	6 741	8 988	1 124	2 247	3 371	4 494
6 601～6 800	2 316	4 631	6 947	9 262	1 158	2 316	3 473	4 631
6 801～7 000	2 385	4 770	7 155	9 540	1 193	2 385	3 578	4 770
7 001～7 200	2 454	4 908	7 362	9 816	1 227	2 454	3 681	4 908
7 201～7 400	2 524	5 048	7 572	10 096	1 262	2 524	3 786	5 048
7 401～7 600	2 592	5 184	7 776	10 368	1 296	2 592	3 888	5 184
7 601～7 800	2 662	5 324	7 986	10 648	1 331	2 662	3 993	5 324
7 801～8 000	2 731	5 462	8 193	10 924	1 366	2 731	4 097	5 462
8 001～8 200	2 799	5 597	8 396	11 194	1 399	2 799	4 198	5 597
8 201～8 400	2 868	5 736	8 604	11 472	1 434	2 868	4 302	5 736

续上表

里程(公里)	重箱				空箱			
	箱型				箱型			
	10英尺	20英尺	30英尺	40英尺	10英尺	20英尺	30英尺	40英尺
	瑞士法郎/箱	瑞士法郎/箱	瑞士法郎/箱	瑞士法郎/箱	瑞士法郎/箱	瑞士法郎/箱	瑞士法郎/箱	瑞士法郎/箱
8 401～8 600	2 937	5 873	8 810	11 746	1 468	2 937	4 405	5 873
8 601～8 800	3 006	6 012	9 018	12 024	1 503	3 006	4 509	6 012
8 801～9 000	3 075	6 150	9 225	12 300	1 538	3 075	4 613	6 150
9 001～9 200	3 145	6 290	9 435	12 580	1 573	3 145	4 718	6 290
9 201～9 400	3 213	6 426	9 639	12 852	1 607	3 213	4 820	6 426
9 401～9 600	3 283	6 566	9 849	13 132	1 642	3 283	4 925	6 566
9 601～9 800	3 352	6 704	10 056	13 408	1 676	3 352	5 028	6 704
9 801～10 000	3 422	6 843	10 265	13 686	1 711	3 422	5 132	6 843
10 001～10 200	3 490	6 980	10 470	13 960	1 745	3 490	5 235	6 980
10 201～10 400	3 560	7 119	10 679	14 238	1 780	3 560	5 339	7 119
10 401～10 600	3 629	7 257	10 886	14 514	1 814	3 629	5 443	7 257
10 601～10 800	3 699	7 397	11 096	14 794	1 849	3 699	5 548	7 397
10 801～11 000	3 767	7 533	11 300	15 066	1 883	3 767	5 650	7 533
11 001～11 200	3 837	7 673	11 510	15 346	1 918	3 837	5 755	7 673
11 201～11 400	3 906	7 811	11 717	15 622	1 953	3 906	5 858	7 811
11 401～11 600	3 975	7 950	11 925	15 900	1 988	3 975	5 963	7 950
11 601～11 800	4 034	8 067	12 101	16 134	2 017	4 034	6 050	8 067
11 801～12 000	4 113	8 226	12 339	16 452	2 057	4 113	6 170	8 226

表4 过境统一货价参加路慢运中吨位集装箱运费计算表

里程（公里）	重箱		空箱	
	箱型		箱型	
	5立方米以下（3吨毛重）	11立方米以下（5吨毛重）	5立方米以下（3吨毛重）	11立方米拟下（5吨毛重）
	瑞士法郎/箱	瑞士法郎/箱	瑞士法郎/箱	瑞士法郎/箱
5～14	2	3	1	2
15～24	3	6	2	3
25～34	4	8	2	4
35～44	5	11	3	6
45～54	7	14	4	7
55～64	8	16	4	8
65～74	10	19	5	10
75～84	11	22	6	11
85～94	12	25	6	13
95～104	14	27	7	14
105～114	16	32	8	16
115～124	17	34	9	17
125～134	19	37	10	19
135～144	20	40	10	20
145～154	21	43	11	22
155～164	23	45	12	23
165～174	24	48	12	24
175～184	25	50	13	25
185～194	27	54	14	27
195～204	28	56	14	28
205～214	29	59	15	30
215～224	31	61	16	31
225～234	32	64	16	32
235～244	33	67	17	34
245～254	35	70	18	35

续上表

里程（公里）	重箱		空箱	
	箱型		箱型	
	5立方米以下（3吨毛重）	11立方米以下（5吨毛重）	5立方米以下（3吨毛重）	11立方米以下（5吨毛重）
	瑞士法郎/箱	瑞士法郎/箱	瑞士法郎/箱	瑞士法郎/箱
255～264	36	72	18	36
265～274	38	75	19	38
275～284	39	78	20	39
285～294	40	80	20	40
295～304	41	83	21	42
305～314	43	86	22	43
315～324	45	90	23	45
325～334	46	92	23	46
335～344	47	95	24	48
345～354	49	97	25	49
355～364	50	100	25	50
365～374	51	103	26	52
375～384	53	106	27	53
385～394	54	108	27	54
395～404	56	111	28	56
405～414	57	114	29	57
415～424	58	116	29	58
425～434	59	119	30	60
435～444	61	122	31	61
445～454	62	124	31	62
455～464	64	127	32	64
465～474	65	130	33	65
475～484	66	133	33	67
485～494	68	135	34	68
495～504	69	138	35	69

续上表

里程（公里）	重箱		空箱	
	箱型		箱型	
	5立方米以下（3吨毛重）	11立方米以下（5吨毛重）	5立方米以下（3吨毛重）	11立方米以下（5吨毛重）
	瑞士法郎/箱	瑞士法郎/箱	瑞士法郎/箱	瑞士法郎/箱
505～514	70	140	35	70
515～524	72	144	36	72
525～534	74	148	37	74
535～544	75	151	38	76
545～554	77	153	39	77
555～564	78	156	39	78
565～574	79	158	40	79
575～584	81	162	41	81
585～594	82	164	41	82
595～604	83	167	42	84
605～614	85	169	43	85
615～624	86	172	43	86
625～634	87	175	44	88
635～644	89	178	45	89
645～654	90	180	45	90
655～664	91	181	46	91
665～674	93	186	47	93
675～684	94	188	47	94
685～694	95	191	48	96
695～704	97	194	49	97
705～714	98	196	49	98
715～724	100	200	50	100
725～734	101	202	51	101
735～744	103	206	52	103
745～754	104	208	52	104

续上表

里程（公里）	重箱		空箱	
	箱型		箱型	
	5立方米以下（3吨毛重）	11立方米以下（5吨毛重）	5立方米以下（3吨毛重）	11立方米以下（5吨毛重）
	瑞士法郎/箱	瑞士法郎/箱	瑞士法郎/箱	瑞士法郎/箱
755～764	105	211	53	106
765～774	107	214	54	107
775～784	108	216	54	108
785～794	110	219	55	110
795～804	111	222	56	111
805～814	112	224	56	112
815～824	113	227	57	114
825～834	115	230	58	115
835～844	116	232	58	116
845～854	118	236	59	118
855～864	119	238	60	119
865～874	120	241	60	121
875～884	122	243	61	122
885～894	123	246	62	123
895～904	125	250	63	125
905～914	126	252	63	126
915～924	127	254	64	127
925～934	128	257	64	129
935～944	130	258	65	129
945～954	132	264	66	132
955～964	133	266	67	133
965～974	135	270	68	135
975～984	136	272	68	136
985～994	137	275	69	138
995～1 004	139	277	70	139

续上表

里程（公里）	重箱		空箱	
	箱型		箱型	
	5立方米以下（3吨毛重）	11立方米以下（5吨毛重）	5立方米以下（3吨毛重）	11立方米以下（5吨毛重）
	瑞士法郎/箱	瑞士法郎/箱	瑞士法郎/箱	瑞士法郎/箱
1 005～1 014	140	280	70	140
1 015～1 024	141	283	71	142
1 025～1 034	143	286	72	143
1 035～1 044	144	288	72	144
1 045～1 054	146	291	73	146
1 055～1 064	147	294	74	147
1 065～1 074	148	296	74	148
1 075～1 084	149	299	75	150
1 085～1 094	151	302	76	151
1 095～1 104	152	304	76	152
1 105～1 114	154	307	77	154
1 115～1 124	155	310	78	155
1 125～1 134	156	313	78	157
1 135～1 149	158	317	79	159
1 150～1 249	166	332	83	166
1 250～1 349	180	360	90	180
1 350～1 449	194	388	97	194
1 450～1 549	208	415	104	208
1 550～1 649	221	443	111	222
1 650～1 749	235	470	118	235
1 750～1 849	249	499	125	250
1 850～1 949	263	526	132	263
1 950～2 049	277	554	139	277
2 050～2 149	290	581	145	291
2 150～2 249	304	608	152	304

续上表

里程（公里）	重箱		空箱	
	箱型		箱型	
	5立方米以下（3吨毛重）	11立方米以下（5吨毛重）	5立方米以下（3吨毛重）	11立方米以下（5吨毛重）
	瑞士法郎/箱	瑞士法郎/箱	瑞士法郎/箱	瑞士法郎/箱
2 250～2 349	318	637	159	319
2 350～2 449	332	664	166	332
2 450～2 549	346	691	173	346
2 550～2 649	359	718	180	359
2 650～2 749	374	747	187	374
2 750～2 849	387	774	194	387
2 850～2 949	401	802	201	401
2 950～3 049	415	829	208	415
3 050～3 149	429	858	215	429
3 150～3 249	443	885	222	443
3 250～3 349	456	913	228	457
3 350～3 449	470	940	235	470
3 450～3 549	484	968	242	484
3 550～3 649	498	996	249	498
3 650～3 749	512	1 024	256	512
3 750～3 849	525	1 051	263	526
3 850～3 949	540	1 080	270	540
3 950～4 049	553	1 106	277	553
4 050～4 149	567	1 134	284	567
4 150～4 249	581	1 161	291	581
4 250～4 349	594	1 188	297	594
4 350～4 449	608	1 217	304	609
4 450～4 549	622	1 244	311	622
4 550～4 649	636	1 272	318	636
4 650～4 749	650	1 299	325	650

续上表

里程（公里）	重箱		空箱	
	箱型		箱型	
	5立方米以下（3吨毛重）	11立方米以下（5吨毛重）	5立方米以下（3吨毛重）	11立方米以下（5吨毛重）
	瑞士法郎/箱	瑞士法郎/箱	瑞士法郎/箱	瑞士法郎/箱
4 750～4 849	664	1 328	332	664
4 850～4 949	677	1 355	339	677
4 950～5 049	691	1 382	346	691
5 050～5 149	705	1 410	353	705
5 150～5 249	719	1 438	360	719
5 250～5 349	733	1 465	367	733
5 350～5 449	747	1 494	374	747
5 450～5 549	760	1 520	380	760
5 550～5 649	775	1 549	388	775
5 650～5 749	788	1 576	394	788
5 750～5 849	802	1 604	401	802
5 850～5 949	815	1 631	408	815
5 950～6 049	830	1 660	415	830
6 050～6 200	847	1 693	424	847
6 201～6 400	871	1 742	436	871
6 401～6 600	899	1 798	450	899
6 601～6 800	926	1 852	463	926
6 801～7 000	954	1 908	477	954
7 001～7 200	982	1 963	491	982
7 201～7 400	1 010	2 019	505	1 010
7 401～7 600	1 037	2 074	519	1 037
7 601～7 800	1 065	2 130	533	1 065
7 801～8 000	1 092	2 185	546	1 092
8 001～8 200	1 119	2 239	560	1 119
8 201～8 400	1 147	2 294	574	1 147

续上表

里程 （公里）	重箱		空箱	
	箱型		箱型	
	5立方米以下 （3吨毛重）	11立方米以下 （5吨毛重）	5立方米以下 （3吨毛重）	11立方米以下 （5吨毛重）
	瑞士法郎/箱	瑞士法郎/箱	瑞士法郎/箱	瑞士法郎/箱
8 401～8 600	1 175	2 349	588	1 175
8 601～8 800	1 202	2 405	601	1 202
8 801～9 000	1 230	2 460	615	1 230
9 001～9 200	1 258	2 516	629	1 258
9 201～9 400	1 285	2 570	643	1 285
9 401～9 600	1 313	2 626	657	1 313
9 601～9 800	1 341	2 682	671	1 341
9 801～10 000	1 369	2 737	685	1 369
10 001～10 200	1 396	2 792	698	1 396
10 201～10 400	1 424	2 848	712	1 424
10 401～10 600	1 451	2 903	726	1 451
10 601～10 800	1 479	2 959	740	1 479
10 801～11 000	1 507	3 013	754	1 507
11 001～11 200	1 535	3 069	768	1 535
11 201～11 400	1 562	3 124	781	1 562
11 401～11 600	1 590	3 180	795	1 590
11 601～11 800	1 613	3 227	807	1 613
11 801～12 000	1 645	3 290	823	1 645

出 版 说 明

《国际铁路货物联运统一过境运价规程》(统一货价)是铁路合作组织(铁组)范围内制定的国际铁路货物联运基本规章之一,用铁组正式语文中文和俄文写成,两种文本同等作准,在条文解释上发生分歧时,以俄文本为准。

《国际铁路货物联运统一过境运价规程》(统一货价)在国内由铁道部国际合作司负责解释。本版本由王国君审校。